Excellent Leader

卓越领导力丛书

Managing Teams

管理一个团队

[英] 奈杰尔·坎伯兰（Nigel Cumberland）著

杨景皓 译

ZHEJIANG UNIVERSITY PRESS

浙江大学出版社

前言 | Introduction

　　"团队（team）这个单词中没有'自我'（I），胜利（win）
一词中少不了'自我'（I）。"

迈克尔·乔丹

　　2012 年伦敦奥运会向我们展示了许多优秀的团队，
以及他们如何通过团结协作获得了胜利。我们从中看到
了很棒的团队合作、团队精神，了解到他们如何朝着共
同的目标团结拼搏，并去努力实现目标。一些团队的成
员拥有出类拔萃的个人能力，但他们同样也是具有团队
精神的人。当我们在观看这些团队进行比赛时，往往会
被他们所展现出来的美感和高效所折服。读完这本书后，

你将有能力创造并领导一个具有奥林匹克团队合作精神的团队！

对于大多数人而言，一个成功的职业生涯必定包括管理、监督和领导其他人的经历。当然某些领域的专家例外，他们能够自主选择自己的职业发展道路，不需要管理任何人。但事实上，每个人都是某个团队的一分子，而且在日常的工作生活中，他们有时必须担当起领导者的角色——比如当老板不在的时候主持一次团队会议或者一个项目讨论。

在一个团队里领导一群人面对很多变数，包括每个团队成员的不同个性、期待、经历以及志向。把一群人放在一起能产生各种各样的结果——有时是负面的（比如冲突、争论和差劲的表现等等），有时则是正面的（积极协作、完美配合以及理想的结果等）。一个团队的领导者或管理者的角色应该是尽量把任何潜在的负面结果最小化，同时把团队正面的潜能最大化。

本书将通过七章带你领略成功领导和管理一个团队的整个过程，向你展示关键准则，并清楚阐述你应该着力于哪些方面。这七章内容包括：

如何与一个团队开始工作，探索一个优秀团队应具备的素质和表现；

如何与有自己习惯、技能和对未来期待的人一起创建一个新的团队；

一个团队的发展阶段，以及一个新的管理者如何获得一个团队的尊重和理解；

团结一个团队的重要性，以及在对团队使命、愿景和价值观达成清晰一致后设定共同目标和期待的重要性；

如何打造良好的团队文化和高效的沟通流程，包括清晰明了的团队目标、运作良好的团队会议和讨论以及内部冲突和流言蜚语的最小化；

当面对面的会议难以安排时，如何与远距离的或虚拟团队的成员一起工作；

如何鉴定你团队中有问题或表现不佳的成员并与他们一起工作，以及如何平衡公平与纪律之间的关系；

如何保证每个成员的工作职责都十分清楚，并且使工作在团队成员中得以高效委派和分担；

如何通过出色的培训和发展计划使你的团队获得成长，包括各类辅导、引导和在职培训；

把一个运转良好的团队打造成一个拥有优秀文化的团队；

如何创建一个自我运转良好的团队，使其在你不在的时候也能正常运作，并且能从中培养一个接班人，在需要时能从你手中接管这个团队。

目录 | Contents

❶

星期日

和你的团队

开始工作

学会成功领导和管理一个团队的第一步，是先去了解成为一个团队领导者的秘诀，不管这个团队是一个已成型的团队还是你从零开始创建的团队。有时候你会面对两者结合的情况，即从别人手中接管一个团队，同时期望能改变其成员。

要创建一个优秀的团队，首先，一个人必须能够清楚地意识到，一个高效的团队是什么样的，这样一个团队想要达成的目标是什么，通过什么样的方式达成这些目标，以及让它获取成功的因素是什么。

无论是创建一个新团队还是作为领导者加入一个已成型的团队，另一个关键方面是要能意识到一个团队需要时间来成长和发展，其存在的问题、面临的挑战和各方面表现都受到它在发展过程中所处阶段的强烈影响。

本章阐述如何:

- 理解团队的内涵以及我们为什么需要团队
- 深刻思考一个优秀的团队应该具备哪些素质
- 从零开始创建一个新团队并探索出关键准则
- 运用塔克曼的"团队发展阶段"模型
- 接管一个成型的团队并获得团队成员的尊重

和理解

什么是团队?我们为什么需要团队?

"靠天赋可以赢得比赛,但唯有团队合作和悟性能赢得冠军。"

迈克尔·乔丹(Michael Jordan)

"在克服工作中的阻碍的过程中,一群人变成了一个团队。"

凯兹巴赫和史密斯(Katzbach and Smith)

一个团队可以定义为被集中、组织到一起为了达成共同的理想、目的和目标的一群个人。可以说，如果一个团队没有共同的目标(包括短期目标和长远目标)，就仅仅是一群刚好在一起办公或有着相同职位的个人。

一个优秀团队需具备哪些素质？

回想一下一个优秀的团队，也许是你关注过的奥运赛场上的某支队伍，或者是你曾经工作过的一个团队。

你所选团队之所以优秀，原因有哪些？

● 是因为他们所取得的成绩吗？他们取得的成绩远远多于其他同类团队吗？他们总是能取得完美

星期日

星期一

星期二

星期三

星期四

星期五

星期六

的结果吗？

● 这个团队的成员掌握的哪些技能和知识让其脱颖而出？

● 是因为团队中某个人吗？团队中拥有一些表现很优秀的个人吗？

● 是他们一起努力的结果吗？他们看起来团结协作吗？他们非常积极地一起工作吗？

● 是因为领导和管理有方吗？这个团队的领导者在这个位置很长时间了吗？

● 这是一个你希望加入的团队吗？你认为在这样一个团队中你能脱颖而出吗？

你喜欢被怎样管理？

除了探索一个优秀和成功的团队的要素，非常有必要回顾你在某个团队的工作经历以及该团队被领导和管理的方式。仔细回想与你最近共事过的老板，然后回答：

● 你和同事是如何被管理的，这种方式如何激励着你想成为这个团队的一员，并更加努力地工作来体现自身的价值？

● 你和同事被怎样一种你们不喜欢的方式管理着，这种方式未能激发你们想更加努力工作的欲望，并没有让你们以作为团队的一员而自豪？

对以上问题有几种典型回答:

问题一: 积极的管理方式	问题二: 消极的管理方式
认可团队成员在工作中的良好表现	过于偏爱团队中的某些成员
和所有人开诚布公地沟通	团队会议过长且无聊
愿意倾听我们的想法和顾虑并在适当的时候给予表扬	把通过我们所有人的努力和工作取得的成绩归功于自己
认同团队所有成员的个性	总是把他/她的工作分派给我们但从不说明我们需要做什么

星期日

星期一

星期二

星期三

星期四

星期五

星期六

　　列出你自己的答案作为一个提醒，以保证今后
你只学习现在和曾经老板的积极习惯，而不重复那
些消极的管理方式。

　　这本书的一个目的是要保证你作为一个老板，
你的员工能非常积极地看待你。如果他们被要求回
答这两个问题，他们会给出许多正面的回答，而不
是消极的评论。

认识一个团队的不同阶段

　　随着时间的推移，我们都在变化、发展着。当
我们从童年进入成年后，我们都希望自己不仅有年
龄的增长，还有个性、经验和技能方面的积极变化。

　　一个团队是由不同的个体组成的，因此我们应
该理解团队要经历不同的发展阶段这个事实，从初
创阶段到逐渐成熟，然后有望成为一个高效、出色
的团队。

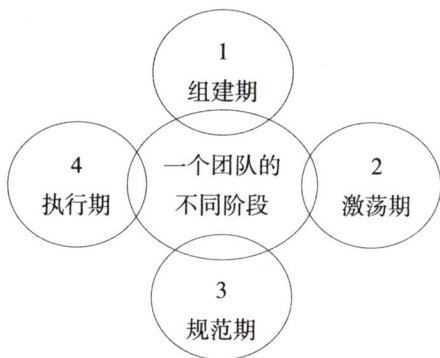

这种团队发展路径的模型叫作塔克曼团队发展阶段模型(Tuckman model)，是帮助你了解你的团队的关键，它由描述一个团队发展的四个阶段而构成。

● **第一阶段：组建期**

这个阶段有时也被称作一个团队发展的婴儿期或孩童期，一个新组建起来的或刚"出生"的团队就处于第一阶段。在这一阶段，新团队的成员们在一起摸索共事方式，这是一个试验和互相依赖的阶段，这时必要的工作程序、准则和共识尚未形成。

组建期团队的领导者会在团队成员之间观察到

并经历以下情况：

- 不知道找谁帮忙或不知道做什么

- 小心翼翼地尝试什么是可以接受的和需要做的

- 抱怨事情并不是他们所习惯的那样

- 感到焦虑

- 逐渐了解团队的共同目标和期待

你有过这样的经历吗，在处于组建期的团队工作并／或领导这样的团队？关于这个时期你能回想起什么？

- **第二阶段：激荡期**

一些人把这个时期比作团队成长发展过程中的青少年叛逆期。这是一个团队最困难的时期，对团队成员来说也最具有挑战性。遗憾的是，很多团队在这一时期停滞不前，甚至出现了倒退。最常见的表现是，团队成员因坚持己见而发生冲突和争吵。我们可以把它看成一

星期日

星期一

星期二

星期三

星期四

星期五

星期六

个特殊时期，团队成员都觉得他们知道该怎么做，每个
人都随着自信的增强与他人产生意识上的冲突。

我认为这个会议的进展并不是很好。

处于激荡期的团队成员的典型表现包括：

- 对事物有着各种各样的认知和表达

- 对团队被领导和管理的方式产生怀疑

- 试图坚持自己的个性和独立性

- 团队表现开始倒退或发展迟缓

- 经历各种冲突、争吵以及矛盾

- 形成竞争团伙并卷入"办公室政治"

- 希望离开所处的小组，甚至辞职

以前你供职于或领导过处于困难和混乱发展阶段的团队是什么时候？你是如何应对和配合的？

● 第三阶段：规范期

这个阶段有时被称作一个团队发展的初步成年期，最明显的表现就是经历过激荡时期的一些挑战之后，团队变得更有凝聚力。这时候大家都能更好地理解并接受了团队的目标和工作方式，以及每个人的角色和个性。

以下几点在这样的团队是显而易见的：

- 易于达成共识并作出决定
- 信赖彼此并乐于分享
- 愿意为了达成团队目标齐心合作
- 开始有优异的工作表现并持续保持
- 建立起团队成员之间的"边界"

你曾经供职于或领导过这样一个刚达到成熟期、表现优异的团队吗？你见过该团队还有哪些早期不

星期日
星期一
星期二
星期三
星期四
星期五
星期六

成熟的表现吗？

● 第四阶段：执行期

这是最佳时期，可被看作是发展较成熟的成年人阶段。并不是所有团队都能达到这个水平，其中有些团队还时常退回其他阶段。

一个高效运作的团队通常有以下特征：

- 形成独有的特性
- 团队成员互相依赖
- 各方面看起来都运行顺畅
- 团队成员感觉所有事情都已上手并容易完成，开始寻找新的挑战
- 团队任务增多，压力增大
- 完成很多工作，达到不少目标
- 团队成员彼此关心和支持

你曾经领导过一个团队到达其发展的最佳时期，或在其中工作过吗？你能回想起什么？

（星期日 星期一 星期二 星期三 星期四 星期五 星期六）

你可以通过在线评估的方式来判断你的团队达到的发展阶段。结果通常是一个团队同时处于发展的四个阶段，只是某个阶段的特征较为显著。

根据对四个发展阶段的描述，你目前所在的团队正处于哪个或哪些阶段？

新建的团队和已成型的团队

你是被派去组建一个全新的团队还是准备接手一个已成型的团队？

● 如果你是被派去组建一个全新的团队，那么你的团队将从"组建期"开始，你不用面对同时处于四个发展阶段的复杂性。

● 如果你是被派去接手一个已成型的团队，尤其是一直以来都表现欠佳的团队，那么这个团队很可能处在"激荡期"。

面对后一种情况，你认为当你成为这个团队的老板后它将会发生哪些变化？通常，随着你将新的和未知的期待、工作方式和目标带入这个团队，它将部分呈现出"组建期"的特点。

接管一帮来自已成型的一个团队的人员后，你需要摸索出他们正处于哪个阶段。与此同时，随着你和其他一些新成员的加入，这个团队将部分地回到"组建期"，因为整个团队算是首次在一起工作。如此一来，这样一个团队将不会停滞不前，而你作为一个管理者将始终处于十分忙碌的状态。

任何一个团队的成功领导者都必须能持续保证

整个团队要迅速而有效地从"组建期"过渡到"规范期"和"执行期"，而不是停留在"激荡期"。本书的很多建议都致力于保证你的团队不要陷入"激荡期"的泥潭。

组建一个全新的团队

● 雇佣理想的人才

你可以通过雇佣心目中理想的人才来打造全新的、理想的团队文化（包括习惯、准则等）。在这个关键的过程中，不能操之过急，要仔细规划好你想组建一支什么样的团队。你的新团队需要哪些不同的个性和技能。

● 允许你的团队花时间来了解你的期待

让新团队的成员有充分的时间来了解你对未来长远规划、短期目标、现阶段具体目标的期待。如果他们不是通过公司内部流动加入你的团队而是从其

星期日
星期一
星期二
星期三
星期四
星期五
星期六

他公司辞职而来的，那么你应该给他们更多的时间。

● **格外注意经验丰富的新团队成员**

许多人离开原来成熟的团队加入你的新团队，这部分人上手较快，容易表现出自己什么都知道的态度（一种"早就处理过这种事"的心态），如此一来，你的团队会很快进入"激荡期"。请做好准备，应对这种情况。当出现不可容忍的行为时，你要果断处理。

接管现有的团队

● **清楚哪些是不可容忍的事务**

在前任管理者的领导下，你所接管的团队将有各种好习惯、坏习惯以及不同的工作模式。你要迅速甄别各种情况并仔细倾听，以便了解团队动态，然后针对不同习惯制订策略：

– 强化、支持好习惯，比如良好的团队精神和沟通模式；

星期日

星期一

星期二

星期三

星期四

星期五

星期六

    – 弱化、减少坏习惯，比如通过电子邮件发送冗长的报告；

    – 舍弃一些坏习惯，比如浪费大把时间开会；

    – 开始培养团队的新习惯，比如执行新的报告模式。

● 准备应对抵抗情绪

    一个已成型的团队可能无法一下子接受你成为他们的新老板，他们会说："但我们以前不是这样处理的……以前处理得非常好。"记住，人们通常难以接受熟悉的环境发生任何形式的变化或破坏，一个新任老板会让他们感到焦虑和担忧，因此他们会设法保持原有的习惯（即他们以前被管理的方式）。对此一定要耐心，和他们讲清楚你对所发生变化的基本原则，必要时要保持坚定。

● 准备进行清楚的沟通

    一个团队通常习惯于按照特定方式进行工作。

作为一个新老板，你需要特别留心与团队成员清楚地沟通两个方面：你对团队的观察以及你对团队的期待。（这种沟通方面的挑战将在本书"星期二"这一章详述。）

接管新建的团队

当你加入一个新公司担任团队管理者时，以上所有建议仍然适用，此外请记住：

● **适应新的公司文化和工作规范**

你需要调整自己的工作和领导方式，以适应新公司和老板对工作的要求和期待。切忌把从前的工作方式带到现在的职位上。你应该调整、弱化或强调你的管理方式的某个方面，注意观察新公司和你之前的工作经历有哪些不同。

● **努力赢得团队的尊重和接纳**

你必须记住你是团队里的新人，你可能会面对被大家排斥、不被接纳的局面。这时你需要有足够的耐心，仔细倾听大家的声音并尽量多问问题，以保证你的想法被大家理解，也让你自己真正理解新公司的工作规范、目标以及公司文化。

星期日

星期一

星期二

星期三

星期四

星期五

星期六

总　结

现在你应该理解了什么是团队以及如何打造一个优秀的团队。

我们也探索了你喜欢被怎样管理和领导，在管理他人时，这将引导你选择合适的方式，比如，不照搬以前领导的坏习惯！

你可以使用塔克曼模式，它将帮助你了解团队已经达到四个发展阶段的哪一个阶段——组建期、激荡期、规范期还是执行期。

你也了解开始管理一个新建的团队以及接管一个已成型的团队的主要挑战是什么。

既然你已经掌握了如何开始管理一个团队，那么你应该准备好学习如何成为一个成功的管理者。在"星期一"这一章，我们将探讨如何保证你的团队认清自身使命、愿景、价值观，并为共同目标一起努力。

星期日
星期一
星期二
星期三
星期四
星期五
星期六

小测试

1. 下列哪一项不是塔克曼模型中的一个阶段？
a) 规范期 ☐
b) 感受期 ☐
c) 激荡期 ☐
d) 组建期 ☐

2. 下列哪一项不是作为团队的一群人的特点？
a) 一个团队具有共同的目标 ☐
b) 一个团队协同一致地工作 ☐
c) 一个团队在一起工作 ☐
d) 一个团队不一起交流沟通 ☐

3. 下列哪项描述最符合一个处在组建期的团队的特点？
a) 它已经组建很久了 ☐
b) 它的团队成员很少 ☐
c) 它是一个新组建的团队 ☐
d) 它是一个虚拟的 (virtual) 团队 ☐

4. 处在激荡期和规范期的团队最主要的区别是什么？
a) 处在激荡期的团队表现不佳，但处在规范期的团队表现不错 ☐
b) 处在规范期的团队比处在激荡期的团队成立更晚 ☐
c) 处在激荡期的团队比处在规范期的团队更高效 ☐
d) 两者之间很像 ☐

5. 你刚加入一个新公司并开始领导一个新团队的挑战是什么？
a) 你有很少的时间去把工作做好 ☐
b) 你不知道这个公司和团队的文化和相应的规则 ☐
c) 你没有具体的挑战 ☐
d) 你的团队成员之间彼此不认识 ☐

6. 你的目标是把团队带到哪个成长和发展阶段？

a) 激荡期 ☐

b) 执行期 ☐

c) 组建期 ☐

d) 规范期 ☐

7. 下列哪一项不是处于执行期的团队的特点？

a) 各方面都运转良好 ☐

b) 已建立起独特的特性 ☐

c) 成员之间发生争吵 ☐

d) 成员之间互相依赖 ☐

8. 下列哪一项对于一个处在激荡期的团队而言十分罕见？

a) 大家都试图坚持自己的个性和独立性 ☐

b) 团队表现日趋变差 ☐

c) 冲突、争吵和矛盾 ☐

d) 整个团队团结协作，在大多数事情上都达成共识 ☐

9. 你觉得下列哪一项属于一个刚成立、还处于组建期的团队的特点？

a) 成员抱怨事情不是他们所习惯的那样 ☐

b) 大家感到焦虑 ☐

c) 开始了解团队的共同目标和期待 ☐

d) 以上所有 ☐

10. 当接手一个新团队时，为什么善于倾听和提问很重要？

a) 因为你需要真正知道周围发生的一切以及团队成员们的所想所为 ☐

b) 因为人们只喜欢愿意倾听但不发号施令的老板 ☐

c) 因为你没有时间去做其他事情 ☐

d) 因为你不知道你还可以做什么其他事情 ☐

星期一

凝聚团队

设定目标

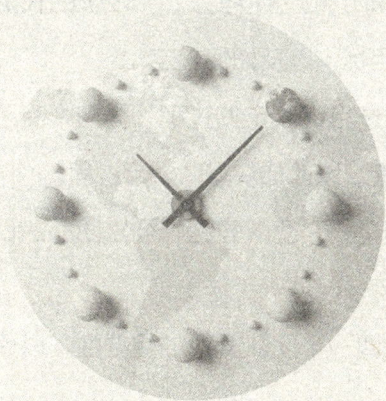

"星期日"这一章介绍了你的团队可能达到的发展阶段，接下来，我们将探索如何把团队朝着一个特别的方向、目的和目标凝聚起来。创建一个团队却任其没有方向和目标地自由发展是非常不好的。

本章主要介绍如何：

● 创建使命和愿景宣言，以展示团队的长期计划目标和方向；

● 设定清晰且可实现的长期目标，包括团队的总体目标和团队成员的个人目标；

● 理解为什么要设定"聪明"（smart）、"清晰"（clear）和"纯粹"（pure）的长期目标或现阶段具体目标，以及如何设定；

● 通过目标设定的过程，为一个新团队提供一些速效方案，以此加快团队融合过程；

● 制订一个团队章程，列出团队的目标并阐明团队将如何一起展开工作；

● 强调一个团队凝聚的重要性，以保证成员个人的、领导者的以及整个公司的长期目标和具体目标是一致的；

- 确保团队的认知和期待与你的保持一致。

为团队设定方向

"如果没有目标，即使奔波一辈子，也终将一事无成。"

比尔·科普兰德（Bill Copeland）

"如果每个人都在进步，那么成功自会到来。"

亨利·福特（Henry Ford）

想象一下，你刚加入一个公司就被委以重任，要领导一个团队。再想象，如果你提出以下问题但公司里没有一个人能给出答案：

- 今年我的团队的长期目标是什么？
- 我们如何知道团队这个月是否表现不错？
- 我的团队的短期目标和现阶段目标是什么？

● 我的团队和公司的使命和愿景是什么?

● 我的团队有望形成或需要展现出哪些价值观?

● 我们有什么样的团队文化?

通常, 管理者并不清楚团队的工作方向是什么, 每天就忙着处理一些似乎很紧迫、很重要的工作和任务, 应对其他同事和利益相关者的要求和需求。你明白我的意思吧, 每天都很忙, 但并没有什么成效, 或你的工作没有一个明确的方向。

一个成功的团队管理者必须为团队设立一个方向, 具体包括:

- 设定团队使命和愿景
- 形成一套团队价值观
- 形成一个最佳的团队文化
- 设定团队需要达成的目标
- 制订一个团队章程

为团队设定一个使命和愿景

一个团队的使命是什么？它是明确这个团队存在目的的一份宣言，例如：

- 我们是一个负责企业管理系列软件SAP（System Application and Products 的简称，意为企业管理解决方案）实施的专家团队，我们致力于以高效而节约成本的方式在公司应用SAP工作。（一个公司技术部门负责SAP实施的团队）

- 我们的存在是为了保证公司的内部审计过程和控制是优化而稳健的。（一个内部审计团队）

- 我们是一个表现优异的营销部门，能够帮助公司成功打开市场，并支持现有的和新的生产线。（一

个跨国企业的智能营销团队）

一个团队的愿景是什么？它通常是对团队未来面貌的描述。例如：

● 想成为整个公司顶尖的会计和财务支持团队。（一个财务会计团队）

● 想成为整个行业业绩最好的销售团队。（一个区域或产品销售团队）

● 想成为每个人都来咨询税务建议、寻求税务帮助的团队。（某公司财务部门一个负责税务的团队）

通常，使命和愿景被合在一个宣言或段落里进行表述。

你为你的团队制订过这样的宣言吗？为什么不和你的新团队一起制订使命和愿景宣言呢？

　　团队的使命和愿景宣言应该和整个公司的发展目标和方向保持一致，以免团队走向错误的方向。

形成一套团队价值观

　　一个团队的价值观展现出的其主张和信任的东西，包括态度、信仰和行为等，对团队成员来说十分重要。我们都有自己的价值观，但问题是：我们能意识到自己的价值观是什么吗？我们能充分利用它们来帮助团队取得成功吗？

　　研究发现，拥有经过深思熟虑的、积极且一致的价值观的机构和团队能够更成功地运行，表现也更加出色。毫无疑问，一个管理不善或领导无方的团队通常孕育出消极的、无用的价值观，从而影响团队的整体表现。这类价值观的例子包括：

- 迟到没有关系
- 不必承担责任
- 不倾听别人的声音
- 让别人始终处于压力之下
- 不愿意主动分享信息

你的价值观是什么？你希望你的团队在什么样的价值观下生活和工作？你的公司或老板有一套希望你和团队遵循的核心价值观吗？

以下是各种公司和团队都希望遵循的典型价值观：

- 诚实而正直
- 开诚布公的交流

- 勇于承担全部责任
- 打破常规，勇于创新
- 坚持不懈，永不言弃
- 乐意花时间帮助别人
- 工作热情高涨
- 乐意倾听，虚心接受
- 掌握最前沿的技术动态，知识渊博

务必致力于在你的团队中形成一套价值观，然后努力和团队成员一起将这些价值观融入工作习惯当中，让其成为你们每天一起工作的一部分。

形成一个优化的团队文化

文化和价值观是有内在联系的。文化可以被定义为团队里个体成员的集体行为和类型，通常由他们的价值观以及习惯、行为、信仰、工作准则、对未来的期望和沟通方式等构成。简单说来，它就是团队行动、思考和运作的方式。

我强烈建议你在所领导的团队内建立起得到认可的文化，并将其有意识地发展和优化，从而保证你的团队取得成功。

设定团队长期目标和具体目标

在为你的团队设定了发展方向之后，现在的关键是为团队设定长期目标和具体目标。长期目标和具体目标差不多，长期目标通常用关键业绩指标（Key Performance Indicator，简称 KPI）来体现。

有时你们团队的目标是由你的老板或公司其他人来设定的。这种情况下，你也有责任将整个团队的目标进行分解，为团队的每一个成员设定目标。你以前这么做过吗，这对你来说容易吗？

星期日

星期一

星期二

星期三

星期四

星期五

星期六

为团队的每一个成员设定目标时，要显示出你是深思熟虑且客观、公正地做这件事，这一点非常重要。可以用下列架构进行阐述，它包含达到最优化目标的需求：聪明(smart)、纯粹(pure)、清晰(clear)。这个模式是由英国的领导力教练约翰·惠特莫尔(John Whitmore) 提出的。

当接下来需要设定或回顾你的团队目标时，可以将这个架构作为一份清单。

最优化的长期目标是"聪明的"（smart）：

这意味着目标是：	如何做到?
明确的 (specific)	应对目标进行清晰表述并将它与团队工作的具体方面联系起来
可测量的 (measurable)	目标应该尽可能客观且可量化
可达到的 (attainable)	记住这个说法："如果一个目标是无法达成的，那就没有了希望；但如果它没有挑战性，人们就失去了动力。"

现实可行的 (realistic)	目标应该和团队的工作实际相关
及时的 (timely)	目标应该是在预先所设定的时间框架内可实现的

最优化目标是纯粹的 (pure)：

这意味着目标是：	如何做到?
积极的 (positive)	目标应该尽可能的积极，而不是消极的成果
可理解的 (understood)	目标应该被你的团队所理解，否则他们将永远不会接受这个目标
相关的 (relevant)	目标应该和你的团队所做的事情相关
合乎道德的 (ethical)	目标不应该让你的团队成员的正直品格受到挑战。比如：不得不考虑通过欺骗来实现目标

最优化的目标是清晰的 (clear)：

这意味着目标是：	如何做到?
有挑战的 (challenging)	目标应该是具有挑战性的，可以激励你的团队
合法的 (legal)	目标必须符合法规，正如它们必须合乎道德规范一样
环境友善的 (environmentally friendly)	目标的实现过程不应造成资源浪费或对环境造成负面影响
一致同意的 (agreed)	目标应该得到那些被要求去实现它们的人的一致同意和接受
被记录的 (recorded)	目标应该被写下并分享，必要时让人们在上面签字

不要让目标设定过程使你的思考复杂化。记住那个流行的首字母缩略词 KISS（笨蛋，保持简单！Keep it simple, Stupid!）。如果有疑惑，让目标保持简单化——实现一些事情总比什么都实现不了强。

● 为一个新团队设立目标

第一次给一个新团队设立目标时，你需要格外留心和警觉这个事实：你们也许还没有建立起高水平的互相信任、理解以及密切关系。记住以下几点：

● 设立一些能迅速实现的目标

试着设立一些相对容易、能快速实现的集体目标。目标的成功将让你的团队能很快在一起庆祝，你可以借机让团队成员意识到，在你的带领下，团队正走在正轨上。这应该有助于加强你与团队的凝聚力并赢得他们对你的尊重和信心。

● 花额外的时间解释你提议的目标

准备好花额外的时间做一些解释，解释你设定的或（从你的老板或公司其他人那里）接受的目标的逻辑和原理。请记住一些人不会公开表达他们不同意或认同你设定的目标。

制订一个团队章程

一个团队章程将总结该团队的工作范围、该团队需要达成目标和方式，包括为团队的工作划定界限。

对于团队章程的内容没有固定的原则，但是我将抛砖引玉，把以下这个结构作为一个例子：

你的团队章程理想的标题	细节
我们团队的目的是什么？	这是你的团队的使命和愿景
我们想要的最终结果和目标是什么？	这些是你的团队的长远目标和近期目标（goals and objectives）
这个团队将如何在一起开展工作？	列出你的团队成员将如何互动、如何一起工作和交流
谁是我们关键的利益相关者？	列出所有主要的利益相关者以及团队将如何与他们中的每一个一起工作

星期日
星期一
星期二
星期三
星期四
星期五
星期六

务必花几个小时与你的新团队一起制订第一个团队章程。

凝聚你的团队

想象一支赛艇队——可能是牛津大学和剑桥大学一年一度的赛艇比赛中的一支队伍。一支队伍里可能有 8～12 名选手，其中一名舵手负责掌舵，如何保证取胜呢？

方案一： 每个人都按照自己的节奏尽可能快地划，完全不顾其他同伴，包括舵手。

方案二： 每个人都按照相同的速度，保持着完美的队形来划行，大家的桨同时入水、出水，在舵手的指挥下统一加速、减速。

我希望你选择第二种方案！

一个团队的密切合作可以定义为一群个体都理解并赞同：

● 该团队的方向和目的，比如：使命宣言、愿景宣言、价值观和 / 或战略方向、团队章程；

● 该团队当前和 / 或下一个财政年或一段时期内的目标——我希望在读完本章后，你对设立目标的重要性有一个清楚的认识；

● 个人的工作责任、任务和目标（详见本书"星期二"章节）；

● 团队的工作方式和准则，如沟通方式、会议礼仪等（其他章节将对此展开论述）。

为什么团队协作如此重要？

一个不能密切协作的团队可以被称作运转不良的团队。这类团队往往表现出一系列没有效率的工作方式和行为，包括：

● 浪费时间和其他资源——该团队很可能毫无效率地工作，如重复地工作或者花很长时间来完成一项工作；

● 争吵和误解——团队里不同成员之间的信仰和期待可能大相径庭；

● 怠工和欺骗——团队成员之间耍手段，比如相互隐瞒信息。

　　如果你接手一个已成型的团队并发现以上任何一种行为和结果，那么你需要分析为什么这个团队不能团结协作，然后决定如何对其中的原因进行整改。

　　关于团结协作这个话题的最后一个问题和你这个团队领导者密切相关：你是否真正地与你的老板和公司保持密切协作？

　　● 你是否同意、认同你的老板和公司的发展方向、价值观、文化和目标等？

　　● 你是否愿意并能够改变你自己对事物的信念、价值观以及目标等，从而使它们与你的老板和公司对你的要求和期待相符？

星期日
星期一
星期二
星期三
星期四
星期五
星期六

● 接下来你是否能够为你自己以及团队设定并形成最优化的发展方向和目标，并且使它们与你的老板和公司的需求和期待相一致？

你也许需要一个高管培训师或导师的指点，或者相关培训课程，来帮你理解如何把你的想法和信念统一起来，使团队能正确地跟随你的领导，而不是想着"照我说的去做，以及不按照我说的或想的去做"。

● 如果你不能按时完成任务，那你也别指望团队成员总是按时完成工作；

● 如果你总是迟到，那你也无法让团队总是提前来为对客户进行的陈述准备；

● 如果你期望能改变你团队的行为和文化等方面，那么试图按照圣雄甘地所说的去做吧。

"欲变世界，先变其身。"

总　结

随着职场的日益复杂，人们的生活几乎每时每刻都被智能手机和电子邮件占据，一个团队很容易感到工作过度、精疲力竭，从而不知道接下来该怎么做。作为他们的管理者，你的职责就是要给你的团队阐述清楚工作的目标和方向，让他们在对工作有清晰的目标、对工作价值有所期待、对工作文化有所认同的情况下密切协作，努力工作。

你现在处在一个合适的位置，可以以使命和愿景宣言的形式为你的团队设定一个方向和目标，在团队内部形成所需的价值观和文化，然后决定你是否愿意和团队一起制订团队章程。

你应该心怀感激，因为大家能以团队的形式协作，齐心协力一起"划船"。你明白你自身的重要性，作为一个领导者，你应该言出必行，按照你对别人的期待那样工作。

下一个阶段就是在你的团队里分配任务、委派

星期日
星期一
星期二
星期三
星期四
星期五
星期六

工作。你要保证所有工作都得到了最优化的分配，从而保证你的团队尽可能地高效运转。这也是本书"星期二"这一章节的主题。

小测试

1. 什么是使命宣言？
a) 对过去表现的陈述 ☐
b) 对目的的阐述 ☐
c) 关于工作时长的规定 ☐
d) 以上全部 ☐

2. 什么是愿景宣言？
a) 一份对于你未来期望变成的样子的陈述 ☐
b) 一份对未来预算进行预测的陈述 ☐
c) 一份总结团队成员回馈的陈述 ☐
d) 以上都不是 ☐

3. 为什么团结合作很重要？
a) 它让一个团队工作更加高效 ☐
b) 它可以减少重复工作和精力上的浪费 ☐
c) 它可以避免争吵 ☐
d) 以上全部 ☐

4. 一份团队章程可包括：
a) 目标 ☐
b) 目的 ☐
c) 工作准则 ☐
d) 以上全部 ☐

5. 什么是一个团队的文化？
a) 一份构造示意图 ☐
b) 行为和习惯 ☐
c) 薪酬范围 ☐
d) 工作时间和加班规定 ☐

星期日

星期一

星期二

星期三

星期四

星期五

星期六

6. 下列哪些可能是一个团队的价值观?

a) 诚实 ☐

b) 善于倾听 ☐

c) 坚持不懈 ☐

d) 以上全部 ☐

7. 下列哪项不是对"聪明"(smart) 目标的要求?

a) 有创造性的 ☐

b) 及时的 ☐

c) 可测量的 ☐

d) 现实可行的 ☐

8. 下列哪项不属于"清晰"(clear) 目标的要求?

a) 一致同意的 ☐

b) 被记录的 ☐

c) 详细的 ☐

d) 合法的 ☐

9. 下列哪项属于对"纯粹"(pure) 目标的要求?

a) 短期的 ☐

b) 用英语撰写 ☐

c) 复杂的 ☐

d) 相关的 ☐

10. K.I.S.S 的意思是什么?

a) 细心而善良的 ☐

b) 保持简单原则 ☐

c) 对信息进行简要陈述 ☐

d) 以上都不是 ☐

星期二

对工作进行
合理分配和
有效管理

"星期日"和"星期一"这两章已经探讨了如何接管一个全新的团队、团队发展的不同阶段以及如何给团队设定方向和目标。在这个框架下，你可以使整个团队以最优化的形态、在密切协作下进行运转。现在我们来探索如何保证团队的每一个成员都能最大限度地发挥作用。

本章将告诉你如何：

● 把正确的人放在符合他们兴趣、个性、能力和经验的位置；

● 通过某种模式来了解不同的人的典型工作表现；

● 在团队内合理布置和分配工作，保证工作得以顺利完成；

● 确保团队个体成员的目标和关键业绩指标与团队和公司的目标是一致的；

● 融入你的团队，给团队成员发挥空间并激励他们以上述方式取得成功，甚至取得超出预期的成绩。

管理你的团队成员

"在一个授权型组织里，每个人都有知识、技能、欲望和机会获取个人成功并借此实现整个组织的成功。"

——史蒂芬·柯维（Stephen Covey）

一个来参加我的管理培训课程的人说，他宁愿去负责一百部机器，也不愿意管理一个人。这话听起来可能太极端了，但是很多管理者，甚至那些有多年领导经验的人，一想到要管理他们团队的人，与他们打交道就会感到不知所措。

任何一个团队领导者的主要角色就是确保每一个团队成员都：

- 被安排在最理想的位置
- 明白要做什么
- 知道为什么要做这件事
- 知道怎么去做

- 有能力去做

- 并且主动想去做

　　我总结出以下这个六步结构，它能帮助你确保每一个团队成员都有机会取得成功并为团队作出贡献，有望留在团队。

六步团队人才管理结构

　　从很多方面来讲，一个成功的管理者要学会正确提问而不只是知道答案。这"六步"以六个问题的形式呈现，无论你何时在管理你的团队成员时面临挑战，我们都鼓励你就这六个问题进行自我提问。

谁	●第一步：你在团队的每一个位置上安排了谁?

为什么	●第二步：你团队中的每一个人都知道为什么团队往某个特别的方向发展吗？

星期日

星期一

星期二

星期三

星期四

星期五

星期六

什么	●第三步：你团队中的每个人都知道自己必须做什么吗？

如何	●第四步：你团队中的每个人都知道如何开展他们的工作吗？

能否	●第五步：每个成员都能够成功完成他们的工作并实现目标吗？

想不想	●第六步：你团队中的每个人都想在团队里从事当前的工作吗？

● 第一步：你在团队的每一个位置上安排了谁？

在你决定每个团队成员需要完成的工作、任务和目标之前，你首先必须确保你在每个职位都有理想的人选。

我曾经雇了一个会计在我的团队里工作，她一度表现得非常出色。她业务素质过硬，过去的业绩也无可挑剔。但是有一天，她在她创建的电子数据表中犯了一个很严重的错误。当她来向我道歉时，我们开始讨论作为一个会计，她的工作有时候是多么乏味甚至无聊。然后她坦白她不再喜欢她的工作了，这也许是她犯错误的原因。她提出她更想做与人打交道、直接面对客户的工作。幸运的是，我能够给她提供一个客户服务方面的职位，她很喜欢这个职位并且表现非常出色。她的情况其实很普遍，很多人从事的工作，要么是他们不喜欢的，要么是不擅长的。你能想象如果你的团队成员都是这样的人，团队工作将会多么低效吗？

作为一个管理者，你必须确保每一个职位都有理想的人选——一个有能力、有积极性并且愿意在该岗位上好好工作的人。你必须为团队成员制订标准，让他们在整个团队以及具体职位上表现出色。

● 该职位所需要的硬性技能有哪些，包括工作经验、技术和学术经验以及技能？这个人哪些方面适合？

● 该职位需要哪些软性技能，包括态度、行为举止和个性？这个人哪些方面适合？

● 你需要进一步分析这个职位需完成的任务和需承担的责任吗？你对该职位有充分详细的描述吗？

● 你希望对这个职位进行相应调整以适合你团队里某个有着很大潜能的成员吗？

在进行招聘或考虑对某个在职成员的职位进行调整时，你应该拟定一份关键职位需求清单。然后你可以制订一个差距分析表来了解团队成员在哪些方面还存在不足，而在哪些方面能力比较强。可以通过以下例子说明：

● 缺乏某项技术方面的经历或者证书；

● 对某个产品或行业不够了解；

● 不具备理想的软性技能，比如不够有毅力或不注重细节。

然后问问你自己：

● 他们的长处和潜能是否多于他们的缺点？

● 我能否在增强他们长处的同时，帮助他们在弱项上有所突破？

适合是成功或失败的一个关键因素

我意识到，对于许多表现不佳的团队而言，一个主要的问题就是把人安置在不合适的位置，因为我们每一个人都对自己喜欢做的工作有一种天然的偏好，比如一些人喜欢策划，有的喜欢四处跑，而其他人则更喜欢委派工作。

要成为一个成功的管理者，你需要确保每一个人都被理想地安置在你期望他们所从事的职位。如何能做到这一点呢？你需要了解每个人的工作偏好，你可以通过观察、谈话或实用评估工具来完成这一步。评估工具有很多种，包括贝尔宾团队角色理论 (Belbin Team Roles Inventory)、哈理逊职业评估报告 (Harrison Assessment) 以及盖洛普优势识别器 (Gallup's Strengthen Finder and SHL's OPQ)。接下来我们了解一下贝尔宾模型。

使用贝尔宾模型来探索偏好

这个模型由心理学家、团队角色理论之父梅雷迪思·贝尔宾 (Meredith Belbin) 创立，用来发现我们喜欢从事哪类工作任务。它指出，我们都偏爱下列九种角色中的一种或更多。

角色名称	角色描述
塑造者	偏好探索如何进步并激励别人取得进步的工作
执行者	偏好能把想法和计划付诸实践的工作
完成者	偏好促使工作圆满、按时完成的工作
协调者	偏好扮演协调其他人行动的角色，通常喜欢负责会议
协作者	偏好与其他人进行密切合作的工作，不喜欢单独工作
调查者	偏好侧重于进行调查研究和信息搜集的工作
创新者	偏好需要提出解决问题的新方法和新想法的工作
监控评估者	偏好对信息和各种方案进行分析的工作
专家型	偏好能使他们在某一特定领域成为专家的工作

根据贝尔宾的九种角色模型，你的工作角色偏好是什么？你的团队成员的呢？

当你使用这个模型时，你将有各种各样的发现。一个典型的例子就是你将发现你团队中从来不能按时完成工作的人，在他的偏好履历中"完成者"这一角色的排名可能十分靠后。在面对这样一个我称之为不适合的人的例子时，你可以：

- 鼓励这个人积极发展并改变；
- 调整这个人的工作角色；
- 换掉此人，即将他或她替换掉。

你可以在网上找到贝尔宾模型的免费版本。务必尝试用这种评估方法来更好地了解你的团队成员以及你自己。

星期日

星期一

星期二

星期三

星期四

星期五

星期六

● **第二步：你团队中每个人都知道为什么团队往某个特定的方向发展吗？**

"星期一"这一章节阐述了如何确保你的团队通过一个阐明的使命、愿景、团队章程以及团队目标来设定一个明确的方向。但是你的团队成员能理解他们每个人的角色和工作如何帮助整个团队达成这些事情吗？

你的团队也许会说知道并同意这些事情，但是不妨再确认一下。在下次的团队会议上，向你的团队成员提出以下问题：

● 你如何描述我们团队的短期目标、目的以及长远目标？它们已足够清楚了吗？

● 你能背出我们的团队使命宣言和愿景宣言吗？你喜欢它们吗？我们可以如何不同地表述它们？

● 你的角色对团队以及整个机构的成功有哪些贡献？

星期日
星期一
星期二
星期三
星期四
星期五
星期六

● **第三步：你团队中的每个人都知道自己必须做什么吗？**

个人以及共同目标

在"星期日"这一章节中，我们讨论了如何为你的团队设定目标。或许你还为每个团队成员制订了关键业绩指标 (KPI) ——这些目标以具体措施的形式呈现出来以便衡量每项表现。

作为一个领导者，你需要决定：

● 哪些团队目标由整个团队共同分担；

● 哪些团队目标可以细化成个人目标；

● 如何保证个人目标与你的老板或公司给你设定的团队总目标保持一致。

```
┌─────────────────────────────┐
│       团队目标：              │
│    你可以测量的目标           │
└─────────────────────────────┘
                │
┌───────────────────────────┐
│   共同目标：               │
│   给所有成员或至少两名     │
│   团队成员设立的目标       │
└───────────────────────────┘
                │
   ┌────────────┼────────────┐
┌──────────┐ ┌──────────┐ ┌──────────┐
│ 成员 A：  │ │ 成员 B：  │ │ 成员 C：  │
│ 个人目标  │ │ 个人目标  │ │ 个人目标  │
└──────────┘ └──────────┘ └──────────┘
```

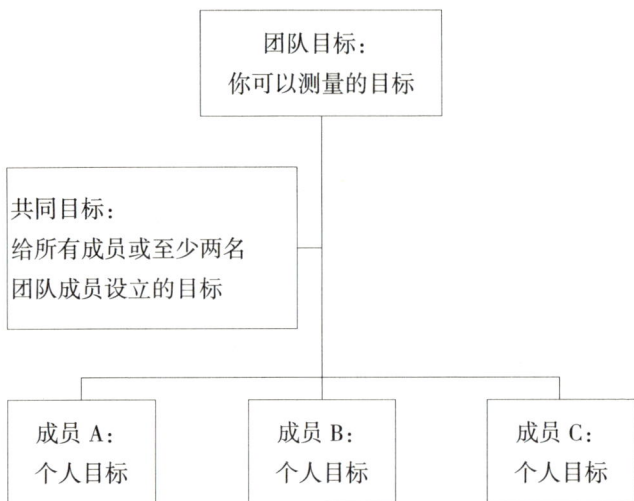

你设立的不同类别的目标将根据你团队的功能、所处行业以及团队所属公司的性质而变化。

● 实现这些目标设定多大难度比较合适？关于设立有挑战的目标已经有很多阐述了，你的任务是决定让大家很轻松就实现这些目标还是需要付出很多才能实现。我的建议是让它们可实现，但不那么容易实现——也就是所谓的延伸目标。

● 你将如何激励你的团队来实现这些目标？这将通过物质和非物质的刺激相结合来实现，这部分我们将在本章的后面进行讨论。

职位描述、责任和义务

为个人设立的目标应该和他们的职位描述相关联。你团队的每一个人都有一个清晰的职位描述吗？这将使他们更好地了解公司或团队对他们的表现有一个什么样的期待。

一份好的职位描述应该至少包括两点：

● 关于工作职责和义务的详细说明；

● 关于所需能力的说明，即相关知识、技能、行为和态度。

当你评估团队成员的表现并为他们设立下一个财年或一段时期的目标时，准备更新和调整他们的工作说明。在"星期三"这一章节里，我们将讨论如何评估每一个团队成员的表现并给予反馈。

● **第四步：你团队中的每个人都知道如何开展他们的工作吗？**

他们有所需的知识、技能、态度、培训和发展吗？对于这个问题有三个方面需要注意：

● 你应该知道你的团队成员的长处是什么并致力于充分利用这些长处来帮助你的团队实现目标。这种优势为本的领导方式将是积极而有激励性的。

● 你的团队成员有薄弱环节以及／或者需要帮助他们在自己的职位上表现得更好的地方吗？婉转地说，你需要和你的团队成员分享你的想法并帮助他们规划如何弥补差距。

● 关于团队成员如何运用他们的相关能力，一个团队有四种选择（他们的硬技能、软技能、知识储备和行为举止等），如下图所示：

继续做并做得更多	继续做但做得更少
停止做	开始做

作为一个成功的领导者，你应该学习如何对团队成员的表现进行评估，然后和每一个成员就他们应该如何发掘自身最大潜能进行沟通：

● 继续做并做得更多，比如：继续对工作持之以恒并注重细节；

● 继续做但做得更少，比如：继续及时回复所有邮件，但是所写内容更短；

● 停止做，比如：不再在同事作陈述时打断他们；

● 开始做，比如：开始学习项目管理以及如何领导项目。

● **第五步：每个成员都能够成功完成他们的工作并实现目标吗？**

你的团队成员可能非常有能力且渴望完成他们的工作并实现他们的目标。但是：

● 他们有必要的工具、资源、制度、方法以及人际网络吗？

● 即使他们拥有一切所需要的东西，他们被授权并允许去做所有必需的事来达成他们的目标吗？

我最近指导了一个抱怨不能做好自己工作的人。他说尽管他已经在公司工作了三个多月了，还是连一台电脑或一个自己的工位都没有。

如果你的团队成员没有电脑或者工位，他们能在自己的岗位上取得成功吗？你的团队拥有取得成功所必需的一切吗？什么可能是你忽略掉的？这些问题对你的团队将是非常具体的，这儿有一些例子：

● 团队成员知道如何操作你们公司的企业资源规划和其他软件系统吗？

星期日

星期一

星期二

星期三

星期四

星期五

星期六

● 团队成员有一本员工手册吗？

● 团队成员知道可以联系团队内部或其他部门的人来寻求帮助吗？

● 第六步：你团队中的每一个人都想在团队里从事当前的工作吗？

你的团队成员都能充分融入当前的工作角色中，并在激励下乐于持续在这个岗位上好好工作吗？这是个很重要的问题。

你了解是什么在激励你的团队（和你）吗？关于激励已经有大量的研究和著作，其中两个最为著名的激励理论是：

● 马斯洛需求层次理论——该理论认为，一旦人类的基本需求（比如食物和住所）得到了满足，一个人将开始追求其他方面的需求，比如探寻事物的意义，追求自身价值。

● 赫兹伯格的双因素理论——该理论指出，一些提供给员工的东西，即所谓的保健因素 (hygiene factors)，比如某个员工的工资和工作条件，是不能起到积极激励他们的作用的，只能预防不满情绪的滋生。该理论认为，真正能激励员工的东西，即激励因素（incentive factors），包括工作得到认可、被委以重任等方面。

我认为这两种著名的理论都蕴含着一定的真理，但是能激励这个人的东西不一定对另一个人有用。每个人都是独特的，作为他们的领导者，你的主要任务就是去探索、学习并实施能够（或可能）激励你团队里每一个成员的方式。你目前通过提供什么来激励你的团队出色表现？以下是一份包含各种你可能用以激励一个典型员工的方法清单。这不是一份十分详尽的单子，但是它向你展示了任何东西都能用来激励你团队里的某个员工：

- 物质奖励

- 基本薪资

- 奖金

- 其他福利——法定的和选择性的

- 工作时间和加班相关补助

- 假期

- 办公设备——电脑、汽车、电话

- 办公室空间

- 办公室设施——厨房、吸烟室

- 社交活动和出游

- 授权

- 导师制

- 入职培训项目

- 与领导联络

- 挑战

- 沟通

- 企业成长和机会

- 学习、发展和培训

星期日

星期一

星期二

星期三

星期四

星期五

星期六

- 自由公开地表达想法

- 回馈和愿意倾听的企业文化

- 旅行

- 费用报销政策

- 派驻海外

- 尽早承担责任

- 年度薪酬考核

- 食堂高质量的食物

- 管理和监督机会

- 工作说明和关键业绩指标

- 企业文化

- 工作环境

- 工作责任

- 工作表现评估

- 升职

- 职业路径

- 公平的工作环境

- 得到平等认可和工作表现的奖励

- 文化多元化、没有歧视
- 合同终止过程和新职位介绍

七种基本需求

我在对个人和团队进行指导时，发现某些导致人们没有积极性的（有时候称作心不在焉的）原因经常使我非常惊讶。我相信只有员工的七种基本需求得到了满足，才能真正激励他们。

基本需求	描述
有确定性	人们想知道正在发生的事情以及他们需要做什么，不喜欢变化和意外的事情
有变化	人们很少喜欢每天都做相同而单调的工作，这样会感到很无聊
受到重视	人们喜欢自己因为他们的工作和贡献得到认可和感谢

与其他人有联系	人们很少喜欢完全单独地、与他人不能交流地进行工作
能够作出贡献	人们希望能感受到他们的努力和工作是有价值的，是为了让事情变得更好
能够成长	人们希望在职业生涯中不断成长、不断学习新东西
留下传承	人们喜欢做能改变一些现状并给人留下长久印象的事情

如果你牢牢记住这七种需求并努力确保你为团队成员所提供的和承诺的能满足这些，那么我认为你可以很快取得成功。不过需要注意，并不是每个人都会在任何时候同时提出七种需求。

如果你不能确定什么能够激励你的团队很好地表现，那么一个良好的起点便是思考一下什么是激励你的因素。我还要鼓励你问问你的团队成员他们在生活中所追求的是什么，以及他们为什么在你的公司、你的团队工作，答案很可能会让你大吃一惊。

随着时间的推移，当你成为一个更有经验的领导者，你将对如何成功地激励你的团队成员有着更好的认识。

星期日

星期一

星期二

星期三

星期四

星期五

星期六

总　结

本章向你展示了一个简单的由六部分组成的结构以帮助你的每一个员工取得成功。

你了解了确保给每一个团队成员合适的工作的需要。

你可以确保你的团队成员了解其所在团队和整个公司的发展方向。

你可以和你团队的每一个成员一起工作，让他们对自己需要在工作中完成的任务以及长远目标和短期目标有着清晰的认识。

你可以探索是否每个团队成员都有必要的技能、知识储备和得体的举止来从事他们的工作并实现他们的目标。

你了解了你的团队为取得成功所要求的一系列的工具、资源、制度、方法以及人际网络。

你领会到如何激励你的团队成员，意识到大量能够激励每一个团队成员的方法。

小测试

1、六部分团队人才管理结构中"谁"的部分指的是什么？
a) 你的团队有他们所需要的工具吗？ ☐
b) 你的团队得到激励吗？ ☐
c) 你的团队沟通顺畅吗？ ☐
d) 把理想的人安排在合适的位置 ☐

2. 马斯洛需求层次理论是什么？
a) 一个工作说明框架 ☐
b) 一个培训计划 ☐
c) 一个关于如何激励人的模型 ☐
d) 一个组织系统结构 ☐

3. 下列哪项不属于贝尔宾模式中的九种团队角色？
a) 协作者 ☐
b) 塑造者 ☐
c) 执行者 ☐
d) 司机 ☐

4. 什么是共同目标？
a) 某一个人的目标 ☐
b) 不止一个团队成员的目标 ☐
c) 其他团队的目标 ☐
d) 以上都不是 ☐

5. 以下哪项不是七种基本需求中的一种？
a) 有确定性 ☐
b) 有时间 ☐
c) 能够成长 ☐
d) 留下传承 ☐

星期日
星期一
星期二
星期三
星期四
星期五
星期六

6. 赫兹伯格的双因素理论认为哪两组事物可以激励人?

a) 保健因素和激励因素 ☐

b) 保健因素和钱 ☐

c) 安全因素和时间 ☐

d) 以上都不是 ☐

7. 一个好的工作说明应该包括:

a) 工作义务 ☐

b) 工作责任 ☐

c) 资质需求 ☐

d) 以上都是 ☐

8. 以下哪项正确描述了贝尔宾模式中的创新者这一角色?

a) 偏好对信息和各种方案进行分析的工作 ☐

b) 偏好需要提出解决问题的新方法和新想法的工作 ☐

c) 偏好能把想法和计划付诸实践的工作 ☐

d) 偏好与其他人进行密切合作的工作,不喜欢单独工作

☐

星期三

在团队内
进行最有
效沟通

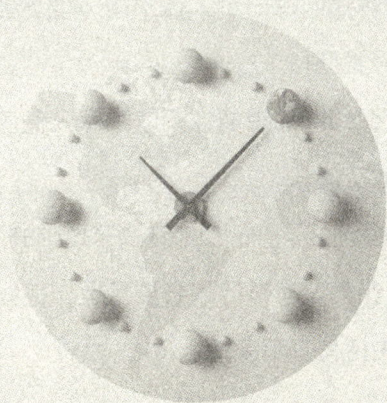

作为一个领导者，你的工作就是充满热情和信念地带领一个团队，并激励他们出色地工作。单靠制度和常规做法不足以达到这一点，你还需要与你的团队配合并在团队内部发展和培养各种各样良好的沟通习惯。

所有成功的管理者都懂得，不管他们的团队或企业规模有多大，只有和员工保持持续且多样化的沟通，才能维持企业的良好表现和声誉。

本章将告诉你如何：

● 理解我们每一个人在不同环境下都可以使用的不同沟通类型；

● 认识倾听的重要性，以确保人们感受到自己在进行有效交流；

● 确保你为了你的目的选择了理想的沟通方式；

● 确保会议有举行的必要且运作良好：议程安排合理，主持有条不紊；

星期日
星期一
星期二
星期三
星期四
星期五
星期六

- 应对管理虚拟和远程团队时由于沟通不畅带来的挑战;

- 成功管理一个多文化团队并确保你有一个最理想的工作文化。

你是一个全职沟通者

"沟通中最大的问题在于已经沟通好的假象。"

乔治·萧伯纳（George Bernard Shaw）

"为了进行有效沟通，我们必须意识到我们每个人对世界的认知是不一样的，然后在此基础上与他人沟通。"

安东尼·罗宾斯（Anthony Robbins）

你一天中与他人交流的频率有多高？想一下你度过每一个工作日的方式，还有你需要通过某种形式的交流与人们共享各种不同信息、数据、决策和新闻:

- 好消息或坏消息

- 所期待的或意外的事

- 直截了当的或复杂的

- 针对特定人群的或针对很多人的

- 有待告诉别人的

- 有待从别人那里得知的

- 有待分享的

- 尚未得出的结论

- 需要整合的信息

- 需要弥补的差距

- 尚未作出的决定

- 感谢

一些人可能会说当你在默默工作时（比如测试某种设备或阅读一本手册），你并没有在与人交流。但事实上，你在与那些注视着你举动的人进行着某种形式的交流，虽然这种交流是非语言的。

我得出的结论是，作为一个领导者，你的一举一动都是一种沟通形式。我并不是说你时刻想要或者需要与人进行交流，但是其他人会持续从你那里接收到各种语言的以及非语言的信息。比如，你离开办公室回家的时候是一种形式的交流——它向其他人传递了你的职业伦理原则，侧面向其他人暗示了你期待大家每天在办公室待多长时间。

● **交流风格**

"她从来不听我说话，总是对着我大喊大叫……他总是想下结论……她从未向我解释清楚……我的老板是如此讨厌，他喜欢争论……她总是略读我给她的所有东西……从来不喜欢和我单独说话，还总是通过发邮件向我传达需求……她实在太安静了，即使你知道她有话要说，她也从不说出来……我不理解他想要我们做什么……他总是妄自断定，不愿意耐心倾听……"

这些说法是不是听起来很熟悉？

　　一个成功的管理者需要为他或她的团队创造一个便于每一个成员与他人交流任何需要或必要的信息、想法和决定的工作环境，并让这些信息以它被接收和理解的方式为其他方所分享。

　　我们都有独特的个性，都培养了自己的交流风格和偏好，其中一些可能是积极而有效的，但其他的或许会对团队产生负面影响。一些人性格外向，一些人则非常安静；一些喜欢写东西，而另一些人则喜欢在公共场合说话；一些人说话非常大声，看上去咄咄逼人，一些人说起话来滔滔不绝。

星期日

星期一

星期二

星期三

星期四

星期五

星期六

你的风格是什么样的？问一下你的团队你在他们眼中属于什么风格——哪些方面比较好？哪些方面不那么好？哪些方面可以改变和改进？

● 倾听的重要性

"我善于倾听，我从不打断别人，我从不在对话中插入自己的评论来转移谈话。如果你注意，会发现人们往往互相改变谈话的方向。这就好比你车上的一名乘客突然抢过方向盘然后在一条小道旁把你掀翻。"

加思·斯坦（Garth Stein）

下次你和一群人或某一个人进行对话时，注意观察你们每一个人是如何交流的。

- 谁在认真倾听？
- 大家多久会把对方的讲话打断？
- 一次是不是有一个以上的人同时说话？
- 讨论的流程是不是经常被改变？
- 大家注意力是否集中？

● 不同的人说话之间是否有停顿？

我怀疑你其实不会对你观察到的东西感到意外，同时我意识到，对团队出色表现最大的阻碍就是不认真倾听别人试图交流的东西。

大家不愿意倾听你说话，你对此有何感受？如果我们不去倾听别人试图跟你交流的话题，那么我们将面临：

● 挫伤别人的积极性；

● 浪费时间和资源，因为我们会重复去做一些事情，或错失良机，或面临危险；

● 无法从别人的想法和观点中学习东西来帮助自己成长。

我们生活在一个被各种噪声和信息围绕的世界，每天面对着错综复杂的事情和超负荷的信息，但这并没有使倾听变得简单，反而愈发凸显出倾听的重要性。

你如何成为一个懂得有效倾听的团队老板？

在你开始说话之前记得停顿并深思。同时，始终记得一个非常有用的缩写词：WAIT。这将提醒你注意一个非常重要的问题："我为什么说话？（Why am I talking？）"这将鼓励你多听、多看但少说。毕竟，你有两只耳朵和两只眼睛，但只有一张嘴！

当有人跟你说话时，在急着回答之前确定你认真听了对方所说的内容。同样的，当你对一个书面的想法、评论或观点进行回复时，在表达你自己的观点前，千万要努力表现出你已经认真阅读了对方与你分享的东西并已领会了其中的内涵。

记住要投入感情，培养先理解别人再让自己被别人理解的心态。作为一个团队领导者，我相信真正理解你的团队的所想所说，有时候比想尽办法让他们按照你的意愿去听你说效果更好。

鼓励你的团队和你分享他们的想法和观点。

和团队讨论你对大家的交流有何期待，包括团队内部之间的以及和其他利益相关者之间的交流。
此外，询问他们对此有何期待。

● 交流形式

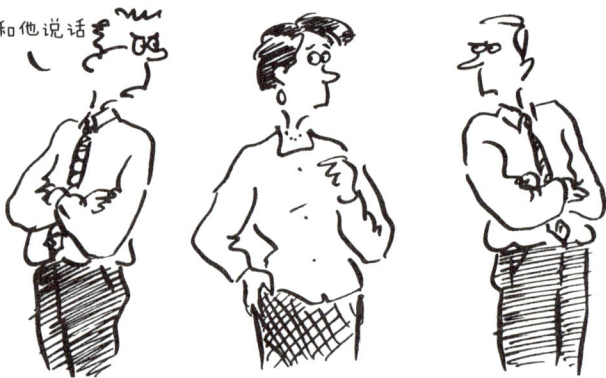

告诉他我不愿和他说话

　　当你要和所有团队成员或其中一个成员分享信息时，你会决定以何种方式进行交流？你会选择：

　　● 写一封长的还是短的邮件？你会把邮件抄送给谁？

　　● 写一个备忘录或者报告？

　　● 打电话？

- 安排一个视频会议或者 Skype 通话？

- 发传真？

- 面对面交谈？

- 召集一次正式或非正式的团队会议？

- 发送短信？

- 在公司的社交媒体页面上发一些东西？

- 请某人转达你的信息？

- 保持沉默，使用肢体语言来传达信息？

- 什么都不做，假定别人已经知道了？

你有自己偏爱的交流方式吗？你更喜欢通过邮件、电话还是会议的方式？很多东西都会影响你的选择：常识、工作环境、工作文化和规范、其他人的位置、事情的紧迫性、时间选择、工作类型以及公司或你的老板对你的期待等。

以下是一些帮你进行选择交流方式的建议。

- 做到言简意赅；

- 指出你将与之沟通的事情的紧迫性和重

要性；

● 随时准备跟进（比如：发送一封紧急的邮件后打电话确认）；

● 明确你是否期待对方对你传递的信息有所回应和行动，或者你仅仅是为了分享一些信息。

我注意到一些人更喜欢写的方式而一些人则更喜欢说。无论你惯用哪种方式，随时准备调整你的交流方式以保证取得最佳效果。比如，如果你通常不愿意给人打电话，仅通过邮件沟通，那么当发邮件交流显得不合时宜时就准备打电话吧。

争取让你的沟通方式说服你的员工并激励他们服从你的领导。一定要显得真诚、真实，向大家展现出你是经过深思熟虑的，你很认真且通人性。

● **管理邮件**

到目前为止，你今天共收到了多少封邮件？这周呢？我们都在收取和发送大量邮件，你或许想在

星期日

星期一

星期二

星期三

星期四

星期五

星期六

你的团队中设置一些规则来确保他们只发送合适和有用的邮件来帮助团队达成所设定的目标。

你可能会从以下方面设置一些规则：

● 当你写邮件时，你一般应该抄送给谁；

● 回复哪些邮件；

● 你的邮件应该多长或多短。

● **会议**

会议是领导团队的一个重要方面。你可能不喜欢花几个小时开会，但是不管你喜不喜欢，会议在很多机构都成为团队取得成功的一个重要部分。作为一个领导者，你需要确保你安排的和你的团队（以及其他人）召集的会议都是合适且有必要的，并且组织有序、进行顺利。

成功主持和领导团队会议的五个秘密

"如果你不知道自己要去哪里，那么你最终可能会走偏。"

劳伦斯·彼得（Lawrence Peter）

● **决定好你期望的结果并把它们以议程的形式呈现出来**

你为什么需要举行会议？你脑海里期望的结果是什么？你在策划一次会议之前，尤其在你和团队分享会议的细节之前想清楚这个问题很重要。

● 你需要分享关于一些关系计划的信息吗？你期望的会议成果是让每个与会者都得到一些具体的行动计划和具体的知识等内容吗？

● 你需要在会上进行一个辩论或讨论后做出一个决定吗？你期望的成果是让所有的与会者都参与作决定吗？

● 你需要通过举行会议实现团队建设的目的吗？比如，把整个团队聚到一起来分享一些共同的挑战和问题，所期望的成果是让团队更加团结吗？

一个理想的议程是一份列出会议期待的文件。它应该包括：

● 每一个拟讨论的问题和话题，都作为一项单独的议程项目；

● 将在会上阐述每一个问题或话题的人的名字；

● 提议的时间安排，即拟在每一项议程上所花费的时间。

● **决定谁应该参加以及他们应该如何准备**

在我的培训项目上，参与者常常跟我抱怨他们必须参加很多他们觉得毫无意义的会议，他们坐在

星期日
星期一
星期二
星期三
星期四
星期五
星期六

那儿参加几个小时的讨论完全是在浪费时间。你参加过这样的会议吗？假如你或你团队中的任何一个人不参加某个会议，他们会做哪些更有成效的工作（这就是所谓的参加会议的"机会成本"）？

出于对增强团队凝聚力、共同理解和团队团结的目的，你可能希望整个小组或团队都来参加会议，但如果不是这样的话，对参加的人选要有所选择并对时间有所控制——可以要求大家来参加某项具体的议程以避免占用过多的时间。

同时也必须注意别让会前准备工作给你的团队带来太多压力——让大家去做真正需要和重要的事情来保证会议达成预订的目标就行。你会提前给大家分发准备在会上进行投票的详细方案以避免花太多时间进行讨论吗？或者你会提前给大家发一份简短的总结然后利用会议时间来对方案进行陈述和讨论吗？

● 专业地策划会议的形式和风格

考虑一下会议的性质：

● 它是一次例行会议（如月度销售评审会）还是一次特别的一次性会议？

● 它是一次包含议程并会做会议记录的正式会议还是一次非正式会议？

应该举行面对面的会议还是视频或电话会议，或者使用软件让会议信息分享到每个与会者的电脑上？会上每个人都将站着而不坐着吗？会议是达成你所期望的成果的最佳交流手段吗？有时候一封邮件或一个备忘信息就足够了，这样还比开会节约时间和成本，尤其当参会者还必须出差到会议举行地时。

● 像一个出色的领导者一样主持会议

"有效的主持将确保会议达成既定的目标。会议主持者应该解决问题、鼓励大家探讨、集中主要议题并澄清相关疑惑。"

温彻斯特大学（英国）网站

如果是你组织的会议，那么你可能希望对会议进行主导和主持，这时你的领导才能将受到检验。

根据我的经验，以下是一些如何保证你主持的会议取得成功的小提示：

● 了解会上所讨论的问题和信息；你至少得认真读一下准备材料，做到心中有数。

● 让每个人都有机会表达他们的观点，不要只顾着自己说，也不要让任何人嘲笑或轻视其他人的想法和贡献。

● 保证大家的讨论切题、守时，不要让大家进行毫无意义的讨论；要显示出你对不同价值观的尊重，不要批评大家或者把你的想法过分强加于人——如果你想强加你的想法，那么不要问大家的看法！

● 如果你想通过大家投票或者大多数一致的表态来作出某个决定的话，务必保证你能让每个人都分享他们的观点。

● 努力让整场会议保持积极、民主的氛围并尽可能短，认真倾听所有被分享的观点。

● **做清楚且有可行性的会议记录**

会议记录是对会议的文字记录，它们应该记录会上所作的决议，包括谁来执行决议、谁来追踪执行情况、达成一致的行动计划以及行动时间框架等细节。在设定了目标后，会议之后要求采取的行动必须有清楚的记录并在所有参会者之间分享以确保不发生误解。

如何与远距离的团队成员一起工作

你有距离你的办公地点很远的团队成员吗——也许在另外一个城市甚至国外？这在我们身处的这个越来越全球化的世界是很常见的。你可能还领导着一个虚拟团队，成员都分散在世界各地，大家只为了某些具体的原因才聚到一起（详见本章后面关于项目团队的部分）。

如果你有一个或一些距离遥远的团队成员，你将需要制订出一个如何保持沟通、分享信息并保持经常性互动的方案。如果这部分人很难参加团队会议，或者只是很随意地来到你的办公室讨论一些事情或拉着你边喝咖啡边谈论，这将会是一个真正的挑战。

在这种情况下，你可能需要付出额外的努力来

星期日

星期一

星期二

星期三

星期四

星期五

星期六

和团队成员进行联系，比如每周安排视频会议追踪
进展。

管理一个多元文化团队

当你的团队里有来自其他文化背景的成员时，
你将面对另一个挑战。不同的文化可能涉及种族、
宗教、地理或者某个员工以前公司的工作文化。

作为一个团队领导者，你的角色是：

● 保证从一个不同文化环境中加入的任何人都
融入你的团队并安定下来，而不会给你的工作文化
和规范带来负面影响；

● 鉴别并欣赏团队里呈现出的不同文化并和多
元文化混合的成员们一起工作；

● 教育团队里的其他人接受多元化，帮助他们
明白，某人和自己的想法和做法不一样并不意味着
他们是错的或者工作能力不行。

以下是一些你在与来自世界各地的员工一起共

事过程中可能会经历的文化差异的例子。

一些人	而另一些人
不质疑权威（比如他们的老板）	积极质疑或挑战
在随意的环境下工作状态最好	需要正式的规则和工作程序
非常个人主义，只想要自己取得成功	喜欢在一个集体里并取得集体成功
对人际交往很感兴趣	专注于系统、程序和产品等
非常物质，很在乎报酬	关心生活质量和幸福感
乐于长时间不间断地工作	需要一个规律的午餐时间并按时回家
保持安静，不急于给出自己的观点	似乎从不保持安静，总是乐于分享

　　如果你愿意更深入地探究这个话题，可以看看霍夫斯泰德 (Hofstede) 和特朗皮纳斯 (Trompenaars) 关于工作场所文化的观点。

领导零时、短期的或项目团队

有时候团队只存在很短的周期，可能只是就一个短期项目一起工作几个星期或几个月。领导这样的团队面临以下挑战：

- 团队成员可能从来没有在一起工作过；
- 他们以前可能从来没有和你一起工作过；
- 彼此之间没有时间互相熟悉；
- 希望在短时间内实现高效工作；
- 可能没有预算和时间进行团队融合和团队建设；
- 由于没有充足的时间和人力去做所有需要做的事情，工作压力可能很大。

在这种情况下，取得成功的关键是领导者能以一种开诚布公的方式展现他或者她理解团队面临的挑战和问题，并让大家知道团队会努力寻找确保大家不被工作折磨得筋疲力尽并如期实现既定目标的方法。

星期日
星期一
星期二
星期三
星期四
星期五
星期六

最近我和一个项目团队一起工作，碰到了以上所有的问题。经过指导，这个团队的管理者非常努力地工作以确保整个团队在共同期待下团结协作，并且她确保他们能经常在一起参加社交活动。每周她都会召集一次短会来了解大家的感受、彼此间如何进行联系和交流。会上讨论的话题包括如何应对紧张、加班和压力，团队成员都尝试着去帮助彼此。该团队很成功地完成了这个项目，而这个领导者也得到了员工和公司很高的评价。

总　结

本章向你阐述了一个成功的管理者为了确保能创建并维持一个高效运作的团队所必须掌握的所有关于沟通交流方面的技能。

现在你明白沟通是一个全职的角色，今天，一个整天躲在自己办公室而不跟员工进行交流的管理者应该为自己能保住他们的工作感到庆幸！

你欣赏每个人的交流风格并意识到倾听对于任何高效的团队领导者而言都是主要的交流方式。

你可以选择在不同的情景下使用理想的交流方式。

你可以组织并主持各种各样的团队会议，包括涉及远距离员工的会议。

你了解了和短期或项目团队一起工作的挑战，因为你没有时间去创建一个理想的团队工作环境。

星期日

星期一

星期二

星期三

星期四

星期五

星期六

小测试

1. WAIT 代表着什么?
a) 我为什么思考? ☐
b) 我为什么说话? ☐
c) 等待、行动、指示和说话 ☐
d) 以上都不是 ☐

2. 一个理想的团队会议议程应该包括:
a) 讨论的问题和话题 ☐
b) 将陈述每一个话题的人的名字 ☐
c) 讨论每一个话题的建议时间 ☐
d) 以上全部 ☐

3. 下列哪一项可能会影响你对交流方式的选择?
a) 你的老板或公司的期待 ☐
b) 另外一个人所在的地点 ☐
c) 要讨论的问题的紧迫性 ☐
d) 以上全部 ☐

4. 工作场所文化是:
a) 团队的习惯 ☐
b) 团队的思维方式和工作规范 ☐
c) 团队的行为和风格 ☐
d) 以上全部 ☐

5. 理想的交流应该可以看作:
a) 你角色的一小部分 ☐
b) 一项全职任务 ☐
c) 靠你的团队 ☐
d) 以上都不是 ☐

6. 下列哪项不是一个好的倾听者的特点？

a) 一个投入的人　　　　　　　　　　　☐
b) 努力去理解别人而不是被别人理解　　☐
c) 试着在会议上第一个发言　　　　　　☐
d) 认同别人所说的　　　　　　　　　　☐

7. 在一个会议中，当别人在发言时，你应该做什么？

a) 打断他们　　　　　　　　　　　　　☐
b) 不听　　　　　　　　　　　　　　　☐
c) 思考你想说什么　　　　　　　　　　☐
d) 认真聆听并认同他们所分享的东西　　☐

8. 你应该如何管理你的邮件？

a) 决定你应该把邮件抄送给谁　　　　　☐
b) 决定回复哪些邮件　　　　　　　　　☐
c) 决定你的邮件应该多长或多短　　　　☐
d) 以上全部　　　　　　　　　　　　　☐

9. 下列哪项是和远距离的团队共事面临的问题？

a) 他们可能有不同的文化背景　　　　　☐
b) 你很难和他们面对面地交流　　　　　☐
c) 你很难看到他们在做什么　　　　　　☐
d) 以上全部　　　　　　　　　　　　　☐

10. 下列哪项不是举行成功会议的秘密？

a) 邀请尽可能多的人来参加　　　　　　☐
b) 决定需要达成的成果　　　　　　　　☐
c) 设定一个清楚的包含讨论话题的议程　☐
d) 出色地主持会议　　　　　　　　　　☐

星期日
星期一
星期二
星期三
星期四
星期五
星期六

星期四

管理你团队
中表现不佳
的人

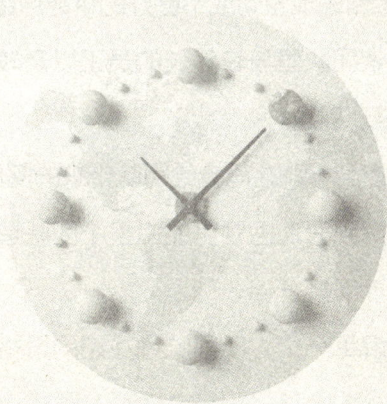

管理工作表现达不到最佳的员工是你最艰巨的任务，也是我在指导和培训工作中最常被问到的话题，不管我的客户在世界上的哪个地方。

　　这一章将向你展示你可能面对的典型的员工表现问题以及如何想清楚应对不同情况的办法。每一项挑战都将是独特的，你需要找到一种合适的方法来应对每一个具体情景。

　　本章将向你阐述如何：

　　● 探索表现不好的问题是什么样的并学习如何了解造成工作表现差劲或不够好的可能原因；

　　● 探索团队里与较年长的员工以及较年轻的员工有关的表现问题；

　　● 认识到害群之马会给团队带来的问题；

　　● 了解到表现问题可能由整个团队造成而不是某一个人的问题；

　　● 了解每一个人不同的做决定的风格以及它们

对团队表现可能造成的影响；

- 确保团队没有"集体思考"模式；
- 提出并接收反馈来帮助你的团队提高整体
表现。

差劲或不佳的表现是什么样的？

> "如果你的工作没有烦恼，那么你就等于没有工作。"
>
> 马尔科姆·福布斯（Malcolm Forbes）

你的团队成员可能会实现不了你给他们设定的目标，他们还可能对团队里的其他人产生负面影响。这可能会影响其他团队成员的表现或者他们继续在你的团队工作的意愿。

你如何能在影响目标实现的问题显现之前发现那些可能存在工作表现问题的团队成员？你将有机会在一切都太迟之前作出改变。下面是一些帮你发现可能有表现问题的人的关键方面：

星期日
星期一
星期二
星期三
星期四
星期五
星期六

- 谁喜欢抱怨和传播流言蜚语？

- 谁可能制造矛盾并喜欢争论？

- 谁表现得比较自私，不愿意分享？

- 谁经常顶嘴，不尊重你或不听你的指示？

- 谁是你团队里其他成员都不喜欢与之共事或交流的人？

- 谁看上去比较懒且经常缺席，或花很长时间喝咖啡？

- 谁看起来从不准时开始或完成他们的工作？

- 谁总是请求帮助，说他们不明白你已经告诉过他们的事？

表现较差或不佳的可能原因

作为一个管理者，寻找出为什么某个人在你的团队里的工作和表现不能达到最佳状态的根本原因非常重要。有时候你所看到的只是一些潜在问题的表征。比如，A表现得懒散，他不专心工作而把时间都花在了闲聊和抱怨上。其原因可能是以下的结合：

- 没有明确的目标
- 没有完成他的工作所需的工具
- 没有物质刺激或其他激励
- 没有必要的技能或知识从而不知道自己要做什么
- 觉得工作无聊
- 害怕犯错

　　仅阻止这个人的抱怨和闲聊是远远不够的。你的任务是弄清楚正在发生的事情并设法帮助解决潜在的问题。有时一些表现问题是互相联系的，你需要解决一些问题来找到根本原因。下图显示了一个问题（问题4）是有潜在原因的，其中关键的一个就是这个人对他的工作不感兴趣（问题1）。

星期日

星期一

星期二

星期三

星期四

星期五

星期六

问题 1: 人们对他们的工作没有兴趣	问题 2: 所以他们不去思考如何能表现更好	问题 3: 所以他们不去要求得到必要的资源和支持	问题 4: 所以他们无法做自己的工作并开始浪费时间（如闲聊、抱怨等）

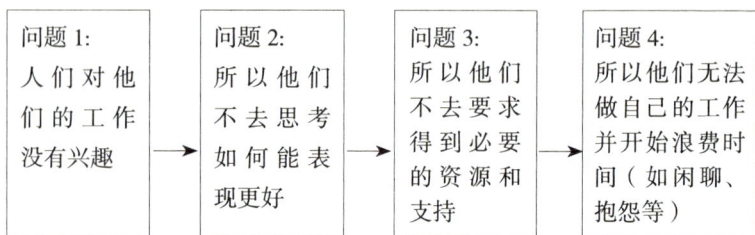

这个流程经常以向右传递的方式呈现。在上述情景中，这个人如果不能在合适的位置好好工作的话，他对工作可能比想象的更没兴趣。

有一个框架对探寻表现问题的原因十分有用（它对本书"星期二"这一章节的六步模式是一个补充），它被广泛称作"吉尔伯特的六个盒子"，一个人表现不佳的任何原因都可以从六个"盒子"中的一个或者多个找到对应：

必要的反馈和期待	所需的资源	合适的激励措施
必需的知识和技能	优秀的工作能力	态度和动机

上面的三个盒子更多的是与你和公司需要提供的和做的相关，而下面三个盒子的内容与个人相关。

根据这六个盒子，问问你自己下列这六个问题，找出你团队中所有表现问题的原因。

● 我需要给某个人或某些人反馈以帮助他们改进自己的表现吗？我需要表现得多强势或坚定？我之前是忽略了这方面吗？我应该如何调整我的交流和领导方式来帮助大家？

● 人们缺乏保证他们表现更好的所有资源吗（支持、来自其他渠道的信息、设备以及时间）？是目标和方向不够理想或者阐述和沟通得不够清楚吗？

● 人们得到相应的激励来使他们表现得更好了吗？什么样的激励措施或因素没有到位或者这些激励和所要求的表现是否不相配？

● 人们缺乏或误用哪些知识、经验或者技能从而影响了他们的表现？我可以如何解决这个问题？

● 人们是否真的适合他们被分配的工作和任务？如果给予适当地帮助他们能在自己的岗位上取

星期日

星期一

星期二

星期三

星期四

星期五

星期六

得成功吗，还是他们已经到达上限了？

● 人们没有受到哪些让他们表现得更好的激励？哪些因素制约了他们并使他们变得消极？

这是一个团队范围的表现问题吗？

如果你团队的某个人有问题，不要急着下结论并认定就是这一个人有问题。有可能这个人折射出了整个团队的问题，比如，其他人没有和他或她共享信息。

这个团队受困于"激荡期"（回忆一下星期日这一章节里讲到的塔克曼模型），所以整个团队的表现都变弱了？下列这个曲线图体现出一个团队的发展阶段以及团队会如何回落到激荡期。

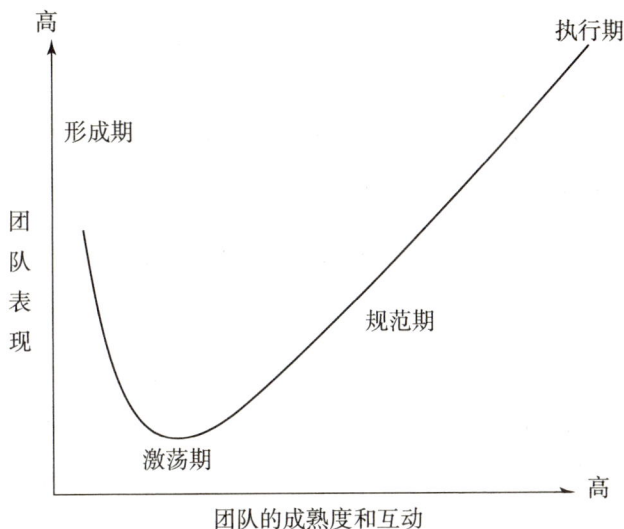

图中文字：

高

执行期

形成期

团队表现

规范期

激荡期

高

团队的成熟度和互动

谨防一些人责备其他人

　　一些人可能会把他们的不好表现归咎到团队其他人或者你身上，哪怕很明显是他们自己的错。你需要十分了解你的团队并能够觉察出真正在发生的问题，这在时间和经验的基础上会变得更加容易。如果你一开始责备了无辜的一方或者弄错了出现问题的原因，那么准备道歉并对那些卷入其中的人坦率直言。我们都珍惜和我们一同共事的人所展现出来的诚实和谦逊的品质。即便遭受了无辜的责备，人们也会很宽容的。

如果有疑问，那么暂时停止并平静地后退一步，试图从一个更高的格局来看待所发生的一切，这有时候被称作"阳台视角"或"直升机视角"。

给你的团队提供反馈

在给别人进行指导时，我经常听到这样的评论："但是从来没有人告诉我我表现得不好……直到我的老板把我解聘那一天我才意识到他对我的表现不满意。"

只给你的团队目标是远远不够的，为他们提供优秀的反馈也是必需的，这是你对他们的表现进行评估的一部分。通常情况下，管理者只在公司进行年度业绩评估审核的时候才会给予反馈，其他时候通常没有分享和交流的惯例。

以下是一些如何给予反馈的主要准则：

● 你应该记得尽可能勤快地就你的团队成员在

工作中的良好表现给予反馈，不要等到出问题了才给出反馈；

● 反馈应该及时，当工作表现出现问题时应该立即给予反馈；

● 反馈应该尽可能清楚和具体，你应该给出你自己的意见而不是引用其他人可能的想法；

● 尝试描述你所观察到的这个人的表现，不要只是简单地进行指责或评价；

● 总是尽量首先给出积极的评价，然后再转到有批判和负面意味的讨论区域；

● 允许当事人倾听并进行回应。

"我大声表扬，温柔批评。"

凯瑟琳大帝（Catherine the Great）

教你的团队学会接收反馈并克服盲点

只给予反馈还不够，你的团队应该被鼓励去认真倾听，所以，学着去与他们分享。告诉他们不需

星期日

星期一

星期二

星期三

星期四

星期五

星期六

要急着回应，先试着对所有关于他们表现的讨论进行判断。

有时团队成员不太容易听从或同意你的反馈，因为他们不相信或接受他们在某方面有弱点这个事实。这可以被称作人们的盲点，你需要鼓励他们对此看开，明白我们所有人都有自己意识不到但是别人能看到的弱点和问题。

表现问题的类型

以下是当你开始管理一个团队时可能会面临的一些普通人的问题。

● 较年长的、工作时间长的员工

和年龄稍大以及工作年限较长的人一起工作通常没什么问题，他们的知识、经验和智慧将能真正帮到你和团队剩余的人。但是，有时候较年长的人可能不太愿意听你的并和你一起工作，尤其在你提出新的想法并进行变革时。这些人可能是消极而愤世嫉俗的，往往看不起你正在做的事情并将其逐渐破坏。

你如何和这些人共事并对他们进行管理？

● 他们是不是已非常熟悉之前的管理风格所以现在不愿意调整以适应你的领导？也许一开始你可以给他们一定的适应余地和时间，但是你要有清楚的期待并准备好严格要求。

● 他们可能会觉得自己比你更懂如何做你的工作。这向来都是不好应对的事情，但是你决不能让他们暗中破坏你的工作。

● 他们可能会因为你开始实施的改变感受到威胁，可能还会为他们的工作感到担心。试着去争取他们的信任并消除他们的疑虑。

● 他们会因为你被任命做他们的领导者而怨恨你吗，因为他们中的某人没有被选上？慢慢地试着赢得他们的尊重，你有希望最终获得他们的信任。

● 他们不能够理解或者执行你安排给他们的事情吗？也许需要进行额外分享、交流或培训。

● 你可能需要坚决一些，让他们停止传播负面情绪或说一些对你不利的话。到一定时候你可以发出警告信，"威胁"要开除某人。你需要确保你始终让你的老板知道所发生的一切，同时从人力资源部门寻求关于劳动法方面的建议。

- **"Y一代"员工**

你可能需要招聘一些二十几岁的员工，所谓的"Y一代"年轻人。这个年龄段的人对工作的期待将造成一些问题，包括想立即承担责任但不想工作太长时间，想很快得到升职，同时不想和团队里的老员工搞好关系。

如何确保这样的年轻人在你的团队里取得成功？

- 让他们知道你对他们工作的期待，同时对他们坦诚你能让他们承担多大责任以及未来升职可能的进度等现实；
- 花时间去了解他们做事的动力和对工作的期待；

●引导、指导他们，鼓励他们接受他们需要在工作和职业生涯中所做的事情；

●如果他们不按照对他们的期待来调整自己，一定要态度坚决；

●要意识到年轻人可能不像老员工那么忠诚，所以如果他们觉得你对他们逼得太厉害或者如果这份工作（在他们看来）很无聊或者不够有挑战的话，他们很可能会提出辞职，在本书"星期五"这一章中我们将讨论员工留职的话题。

● 不好的榜样

你可能至少会碰到一个给团队其他成员树立不好的，甚至是不可接受的榜样的人，你需要以某种方式介入。某些人会做出哪些不可接受的事呢？下面是我碰到的一些例子：

●工作经常迟到
●离开工位时间太久

- 做事慢而且懒

- 自私、不愿意分享

- 阻止其他人工作

- 不愿意倾听你和他们的交流

- 不做安排给他们的事

- 不诚实，喜欢撒谎

- 喜欢对别人说三道四

- 对你和／或公司进行指责

- 公开讨论辞职的事

- 不愿意学习新事物

处理不可接受的行为，可以采取这种三步方式。

找出原因

挖掘这个人某种行为举止背后的原因。通常情况下，这和此人的动机、态度、表现和价值观有关。收集别人的反馈，同时就人们对这个人行为的抱怨进行回应。

达成一个方案

和这个人开一次会。理想情况下，这应该是一次面对面的秘密会议——尽管你的老板或人力资源经理可能需要在场，在会上你要详细向他解释你的顾虑并可采取以下方式：

- 听取此人的回应和想法；
- 准备再次解释为什么他有问题，如有必要，跟他讨论一下公司的价值观和文化；
- 试着达成一份书面行动计划，包括需达成的改变以及表现不断改进的时间表；
- 警告这个人不改变他行为举止的后果；
- 如果合适的话，商定再次碰面的时间。

对这个人进行追踪和监督

追踪并监督这个人的表现。给他反馈，让他知道你在他身上注意到的变化。如果不是积极的变化，你将需要采取一些严厉的举措，包括发出警告信并

星期日
星期一
星期二
星期三
星期四
星期五
星期六

根据公司的规定和你们国家相关的劳工法和条例考虑将其解聘。

● **应对表现出色但有负面问题的员工**

有时候，某个能实现其目标并被看作是一个出色的团队成员也会表现出负面的问题，这会让你陷入两难的境地，因为你很可能不希望失去这样一个人。根据我的经验，我会非常鼓励你：

● 和这个人开诚布公地进行谈话，告诉你对于他

星期日

星期一

星期二

星期三

星期四

星期五

星期六

的态度和表现的担忧。不要因为担心失去他而保持沉默。

● 如果此人不认为他有改进的必要也不对他目前的行为进行任何改变，那么考虑采取严厉措施甚至将其解聘。你不能把这样一个"有毒"的人留在团队里让他给整个团队带来负面影响。

● 向团队解释什么会导致一个人被解聘——这会引起一些不准确的流言蜚语或者谣言。

让这样的人离开将向其余的团队成员表明，你对于在一定的价值观基础上创建并维持理想的工作环境和团队文化这件事上是认真严肃的。这种严厉的举措是形成优秀文化的一部分——这在星期六这一章节里将会更详细地探讨。

好吧，我们来讨论下是否要进行这次讨论。

糟糕的决策者

人类是有习惯的生物，我们会变得懒于认真思考工作中需要做的每件事情。你的团队在日常工作中如何认真思考解决方法，并处理出现的问题？

● 一些成员是不是总喜欢急于下结论或提出自己的想法并拒绝听其他人的观点？

● 其他人是不是提出各种各样的解决方法但是从来不能就一个理想的方式达成一致？

● 团队成员是不是在你跟他们之间的每次互动中都采用相同的模式？

● 你自己的决策习惯是什么？

根据肯 Decision Dynamics 公司创始人肯·布鲁索 (Ken Brousseau) 著名的决策模型，在任何情景下优化的决策过程都围绕着两个问题进行。

● 在作决定的过程中分析出多少信息是理想的？

● 在作出最终决定前应该认真考虑多少想法和解决方案？

你面临的挑战是教你的团队认真考虑并作出正确的决定，确保他们避免犯以下常见的错误：

● 使用太少信息或忽略信息；

● 被过多信息所累；

● 急切接受第一个解决方案或想法，不再对其余的方案或想法进行考虑；

● 不经过认真思索就开始实施别人的提议。

当他们在决策中就要走入歧途时，你必须对他

星期日

星期一

星期二

星期三

星期四

星期五

星期六

们的工作进行评定并提供反馈和建议。

● 有时候你可以让你的团队犯错，让他们从中反省；

● 很多时候，潜在的错误代价可能很大，所以你必须引导他们寻找其他的解决方法并向他们解释你的原理和逻辑。

避免"集体思考"带来的问题

有时一个集体会达成可能是错误的集体决策和结论，最终导致工作表现问题。当一个团队在讨论某个问题并就某个可行方法达成一致时就产生了"集体思考"，它忽略了可能有其他建议的弱势声音。

在不大声说出自己想法、不质疑其他人的想法这种文化盛行的团队中，这是一个很普遍的问题。在某些特定的文化环境中，如果一个团队领导者提出一个建议，非常有可能整个团队都支持它并忽略其他想法。这其实是非常危险的，除了可能作出错误的决策之外，它还可能会让你团队中的一些人感到泄气，尤其是那些有创意和创新精神的人，他们会感到他们的声音被忽略了。

你是问题的根源吗？

你在哪些方面直接影响了团队成员的不佳表现？

● 你拖延了作决定或进行交流的时机吗？比如和某个表现不佳者的一次艰难对话？

● 你忽视了你眼前的问题吗？比如，你是否不肯承认你团队里的某个人有缺点或者不是一个好的团队合作者？

● 你在某些方面有偏见吗？比如总是偏爱团队里的部分成员并忽略他们身上的缺点？

● 是否存在一些信任问题？你团队的成员是不是不愿意跟你分享他们的想法和顾虑？他们是不是不相信你会公平客观地使用他们所分享的东西，比如他们是不是担心你会用这些方法来对付他们？

一个解决方法就是和你的团队建立尽可能多的信任和密切的关系。随着你在管理生涯中的成长，尽可能做到"言出必行"，确保你的所思、所言和所行都是一致的。

记住，作为团队的头儿，你对整个团队的表现负有根本责任。如果你的团队表现差劲，你永远不能说这不是你的问题！

总　结

　　本章旨在帮你了解并解决你团队里可能出现的表现不佳的问题，它引导你重新思考并想出合理的解决方案。

　　你现在能够了解你可能面对的各种潜在的表现问题。

　　你可以运用"六个盒子"模型中的问题来发现团队成员问题背后可能的原因。

　　你知道团队里总会出现一些同类型的不良表现，尤其当你的团队里有一些年长、较有经验的人或者更年轻的"Y一代"。

　　你知道有时一两个人身上表现出的问题可能是整个团队范围存在的问题。

　　你了解了理想的决策过程以及为什么差的决策会导致不佳的表现。

星期日

星期一

星期二

星期三

星期四

星期五

星期六

小测试

1. 下列哪一项不属于"六个盒子"模型中的一种？
a) 有所需的资源 ☐
b) 有大量假期 ☐
c) 有较强的工作能力 ☐
d) 态度和动机 ☐

2. 下列哪项可以被看作是不可接受的行为？
a) 经常工作迟到 ☐
b) 离开工位太久 ☐
c) 工作慢且懒散 ☐
d) 以上全部 ☐

3. 你如何应对那些表现出不可接受的行为的人？
a) 找出原因 ☐
b) 和此人达成一个改变计划 ☐
c) 追踪并监督此人 ☐
d) 以上全部 ☐

4. 出现团队范围的表现问题意味着该团队处于塔克曼模型的哪一个阶段？
a) 规范期 ☐
b) 执行期 ☐
c) 组建期 ☐
d) 激荡期 ☐

5. 为什么较年长的员工会引起表现问题？
a) 害怕发生变化 ☐
b) 认为他们知道得比你多 ☐
c) 对你被任命为管理者感到嫉妒 ☐
d) 以上全部 ☐

星期日

星期一

星期二

星期三

星期四

星期五

星期六

6. 好的反馈应该：
a) 清楚而及时 ☐
b) 只能是手写的 ☐
c) 只通过电话传达 ☐
d) 只在年底给出 ☐

7. 什么是"集体思考"？
a) 人们有不同的主意 ☐
b) 人们很容易迅速同意一个观点 ☐
c) 人们永远不能达成共识 ☐
d) 是你老板所想的东西 ☐

8. 当调查一个人的表现问题时我们为什么不应该急于下结论？
a) 原因可能不是你最初认为的或者看见的 ☐
b) 可能有不止一个原因 ☐
c) 可能会是一个团队的问题或者某一个人的问题 ☐
d) 以上全部 ☐

9. 下列哪项是作决定时常犯的错误？
a) 采用很少的信息 ☐
b) 忽略信息 ☐
c) 急着采纳别人建议的第一个解决方案或者主意 ☐
d) 以上全部 ☐

10. 以下哪项是接收反馈的理想方式？
a) 仔细聆听 ☐
b) 不要急于讲话 ☐
c) 主动去判断你被告知的东西 ☐
d) 以上全部 ☐

星期五

管理你团队中表现优秀的人

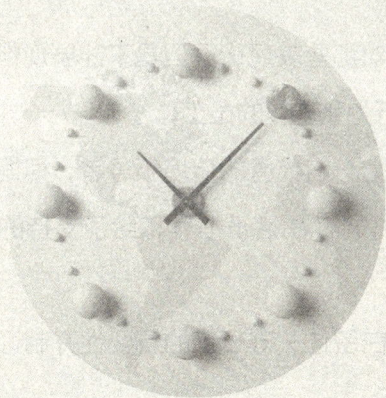

建立起一个团队并使它不断强大后，你需要鼓励并管理好那些在团队里表现出色的人，同时尽可能让他们在今后表现得更好。你还需要确保能够留住这些优秀的人。

本章将帮助你：

● 理解谁在你的团队里表现出色，谁有潜力在将来表现更加出色；

● 区分你团队里表现出色和表现不好的人，客观衡量你团队成员的表现；

● 根据他们的表现和潜力对你的团队成员进行排序；

● 应对那些表现优秀但是不能展现你所期待的价值观、行为和态度的员工；

● 成为一名优秀的情境领导者，根据需要调整你的管理方式，在给予指导和给予支持的角色之间寻找平衡；

● 明白留住关键员工的重要性并制订一个人才

保留战略；

- 根据留住优秀员工的六个秘密制订一个战略。

谁在你的团队中表现出色？

"团队合作是如此重要，除非你个人能力非常强，否则你几乎不可能达到个人能力的最高峰或挣到想要的钱。"

波恩·崔西（Brian Tracy）

你团队中有多少人表现不错？谁更加出众？你团队中哪一个人有潜能在将来发挥更加出色？

每个机构都有自己的模式来监督和评估员工的表现。你知道并理解你所在机构的模式吗？通常都是下列几种情况的结合：

- 设定业绩目标以及基于特定软技能和价值观的目标；

- 制订一个时间表来讨论和评估目标的实现情况；

星期日
星期一
星期二
星期三
星期四
星期五
星期六

● 在每一个员工和他或她的直线经理之间有一系列讨论来评估员工的实际表现，大多数机构都会根据下列因素来给员工评级：

　－他们的工作目标的完成情况

　－员工展现出的特定价值观或核心竞争力

对团队成员区别对待

许多管理者很难就团队每个成员的表现和潜力对所有成员都做到诚实和坦诚。为什么会这样？因为一些管理者发现很难告诉一些团队成员他们表现不好，担心这会让他们难过和泄气。因此，某个管理者很可能给所有的团队成员差不多的表现评级或评分。但是，因为不够诚实且没有对不同水平的表现进行差异化评价，你可能会让那些表现更好的成员感到泄气，因为他们会觉得你不重视他们的辛勤工作和优异表现。

一些机构坚持采用被称作"强迫排名"的评价方式，这最初在通用电气公司很流行。根据这种排名，

一个管理者必须根据一定的百分比为他们团队成员
的表现进行评级。下面是一个典型的例子。

典型等级	典型等级概念	每一个等级所占员工百分比
A	优秀	10%
B	好	35%
C	平均水平	35%
D	较差	10%
E	很差	10%

在这个例子中，你只能给你团队 1/10 的成员一
个"优秀"的评级。

你在对团队成员进行评级并就他们的表现给予
反馈时必须保持客观。记录下你对每个成员进行相
应的评级的理由，准备好为你对别人所下的结论进
行辩护。让你的团队看见你是公平的、善解人意且

客观的非常重要。

表现 VS 潜力

你团队中的一部分人迄今为止可能都表现很好，但是你怎么知道他们会继续好好工作并且是否能在未来承担更多工作和责任呢？换言之，他们在你的公司你的团队是否还有很大的成长潜力？

你如何定义你团队成员的潜力？

● 在他们当前的职位上继续按着既定的目标出色表现？

● 能够继续成长并承担更多责任，还有可能被提拔至更高级的职位？

● 能够一如既往地坚持并展示出你们团队的价值观及核心竞争力？

● 他们在多大限度上想承担更多责任？

和一个有较高潜力的团队成员就你对他们的潜力的判断进行沟通是比较容易的——他们会因为你

认为他们有很大潜力能继续成长并取得成功而感到高兴。困难的是你要告诉那些潜力有限的人你对他们的想法。对于那些表现不好的人，最好的办法是对他们诚实，同时要比较婉转！

我提倡你使用下面的表格，根据你的团队成员的表现和潜力对他们进行排名。

潜力（未来）	高	表现不佳但是潜力大的人		表现出色且潜力大的人
	中			
	低	表现不佳且潜力小的人		表现出色但是潜力小的人
		低	中	高
	表现（至今）			

你将如何根据团队成员们的表现和潜力排名来领导他们？随着你积累了越来越多的团队管理经验，

就如何与每一位团队成员共事你将形成自己的风格，但是有一些想法供你重新审视自己。

● 表现出色且潜力大的人

这部分人是你团队中的明星，你应该确保能留住并支持他们。对于任何成功的管理者来说，留住这种表现优秀的人是他们的一项主要任务。另外很重要的一点是你不能让他们自己独享成功，你必须鼓励他们做一个有团队精神的人，帮助整个团队取得成功。这些问题将在本章后面的部分详细探讨。

星期日

星期一

星期二

星期三

星期四

星期五

星期六

● **表现出色但是潜力小的人**

他们可能已在当前的职位上达到事业的巅峰并发挥出了最大潜能。他们乐于被认为是潜力小且升职空间有限的人吗？你可以试着把他们留在当前他们表现出色的位置上。

● **发挥不佳但是潜力很大的人**

他们现在为什么发挥不佳？他们如果在其他职位上甚至不同的团队会表现得更好吗？关键是要试图为他们提供一个他们可以充分发挥自己能力并出色表现的位置。

● **表现不佳且潜力低的人**

你能帮助这种团队成员发展和成长吗？如果他们一直表现很差并且未来提高的潜力也很小，那你可以考虑让这部分人为表现更出色的人让位。

● **表现和潜力都平平的人**

这部分人通常被看作是一个团队的"骨干"，只有你能决定如何和他们共事，如何对他们进行管理。如果一个团队没有这样的成员是不太可能的，你的任务是设法提高他们现在的表现以及他们未来的潜能。

但是注意不要逼迫你的所有员工都去改进，一些人很乐于保持"平庸的"表现，他们没有意愿和雄心在别人的推动下去做得更好或者进一步挖掘他们已知的潜力。

● **表现很好，但是……**

你是否碰到过那种表现不错（在实现他们的目标方面）但是不是你想与之共事的人？比如，他们可能有性别歧视、懒散、傲慢、虚伪、不善于沟通和倾听、自私等问题。

在某个时期，你会碰到那种能实现他们的目标且被视作表现出色的人，但是他们可能有一些态度或行为举止方面的问题，不能体现你所期待的团队价值观。这对你来说是一个挑战。在下列模型中，这类人应归于右下角一类。作为一个领导者，你需要想办法把他们"移到"右上角（如箭头所示）。

和期待的价值观相符	超过			↑
	符合			
	低于			表现出色但是在行为举止和态度方面有问题的员工
		低	中	高
		个人表现		

● 你怎么能做到这点？

－ 你和有这方面问题的人谈过你的顾虑吗？你需要这样做，在这样的谈话中，试着去发现他们是否同意你的观点，询问他们为什么有这样的表现？

　　– 他们是否对团队和公司中其他人产生了消极影响？你可能从其他人那里听到过抱怨。

　　– 你有多大的意愿和能力试着去改变他们不被接受的行为？你必须决定你需要多坚决并选择你对他们进行管理的方式——详见后文关于如何做一个情境领导者的部分。

　　– 留还是不留住他们？你是否担心如果你对他们逼得太紧的话将会失去他们？你需要清楚要找到表现相当的人来替换他们有多难。

● 一个表现出色但业绩在下降的人

　　你可能需要应对一个表现出色但业绩开始下降的人。如果你把这种下降看作是暂时性的，那么你可能不需要和这个人进行太深入的讨论。但是，如果这不是暂时的下降，你就需要认真调查一下原因。其中可能会涉及很多因素，比如：

- 对他们的工作感到厌倦

- 对他们的工作失去兴趣

- 在相处过程中不把你当作他们的领导

情境领导

你会用同样的方法来管理你团队中表现出色的人和表现不佳的人吗？你曾经是否根据你讨论的不同情境和人有意识地调整管理方式？

能够调整你的管理方式以适应不同的环境是一个顶尖团队管理者的一项关键技能，肯·布兰佳(Ken Blanchard)的情境型领导模式如下图所示，很好地诠释了它的重要性。

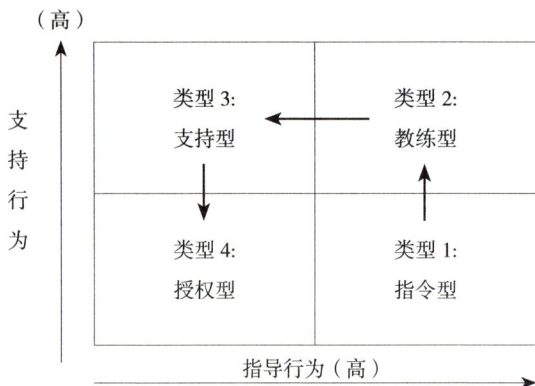

（高）

支
持
行
为

类型 3:
支持型

类型 2:
教练型

类型 4:
授权型

类型 1:
指令型

指导行为（高）

对于你团队的任何一个成员，你可以选择成为几种类型的结合：

● 提供指导的——告诉团队中某个人他需要做什么并展示如何做，然后密切监督他的表现；

● 提供支持的——当某个人在你手下工作时，积极为他提供指导、反馈和支持并给他以鼓励。

情境型领导模式展示了四种你可以在任何情境中采用的管理方式，每一种都在下面进行了解释，并就什么时候采用某种模式进行了提示。

● 类型 1：指令型

这一类型有时候被称作"我将决定你做什么"类型，它只提供一点点支持但是指令性非常强。你将给人做事坚定、思维清晰的印象。

需要我推你一把吗？

通常情况下，你会对新员工或者有严重表现问题的员工采用这种管理方式。在这两种情况中你都需要清楚地解释需要做什么或达成什么。当你没有时间让员工来自己摸索他们需要做或者改变的事情时，这是一种很有效的方式。但是注意不要过度使用这种类型，因为它可能会被认为太强势，被看作是微观管理。

● **类型2：教练型**

这种类型有时被称为"让我们谈谈然后我将做决定"类型，它将和你团队中的某个人紧密相关，既是决定性的，同时又是支持性的。

这种类型通常在你需要积极帮助某人达成他们的目标并改进他们的表现时采用。对一个表现稳定但是结果不理想的成员需要通过这种亲身参与的方式进行管理。但是如果你用这种方式对某人进行长时间管理，那么他可能会觉得自己被微观管理，不能自己作决定。

● **类型3：支持型**

这种类型可以被称作"让我们谈谈然后我们一起决定"类型。它仍是一种需要亲身参与的方式，从中你能感到你不需要全程指点但是仍需要提供许多反馈、讨论和支持。

通常，这种类型适用于那种有经验但仍然需要积极支持和帮助的员工。他们不需要或者不期望你来指点他们但仍然需要你积极地支持和参与。

● **类型 4: 授权型**

这种类型可以被称作"你为什么不做决定？"类型，它所提供的指点和支持都非常少。但这并不意味着你不再对某人进行管理，只是说你不再需要全身参与而是给予他大量空间来工作和发挥。

这是一种理想的模式，适用于表现出色的员工。和新员工或者表现不佳的员工相比，他们知道自己需要做什么且需要你付出更少时间。

表格中的三个箭头展现了一种理想的流动模式，即随着时间的推移，你将改变你对一个人的管理方式——从他们刚加入你的团队（类型1）到当他们成为一个长期发挥出色的人（类型4）。

我鼓励你一开始就要考虑清楚对每一个团队成

星期日
星期一
星期二
星期三
星期四
星期五
星期六

员的管理和沟通方式，确定你针对不同的人采用的每一种类型是不是最优的，同时记住根据需要随时调整你的管理方式。

留住表现出类拔萃的人

鉴定出哪些属于表现拔尖和潜力很大的人后，你必须决定如何能确保把这部分人留在你的团队里。

一个优秀的管理者需要为那些他们想留住的团队成员制订一个人才保留战略。这个战略可以十分简单，制订之前先来回答两个问题：

● 你的员工为什么选择留在你的团队工作？

● 他们在他们的工作中、职业生涯和工作场所追求什么？

这两个问题和本书其他讨论员工动机的部分相关联，我鼓励你以员工满意调查问卷的形式向员工询问他们的想法。理想的做法是进行匿名调查让受访者更愿意分享并诚实作答。这类调查对展现团队成员在以下方面的真实感受和想法非常有帮助：

- 他们工作的感受

- 在你的团队工作的感受

- 被你管理的感受

如果你惊讶于他们作出的批评性或者略微负面的回答，不要感觉受到了冒犯——知道真相总比被蒙在鼓里认为一切都很好要强。事实是友好的 (Facts are friendly)，一旦知道了真相你就可以采取相应行动了。

六个留住重要员工的秘密

以下是你可以重点作为人才保留战略一部分的六个主要方面。

● 做一个团队成员信任并想一起共事的领导者

和你的团队进行良好沟通，最重要的是倾听他们的声音。确保你能满足他们的期待，当你做不到时，开诚布公地跟他们讨论为什么不能。我要补充的是

星期日
星期一
星期二
星期三
星期四
星期五
星期六

你必须"言出必行"，确保做到你所承诺的。

● 公平地对团队成员进行奖励

保证你团队的报酬机制（包括奖金和佣金结构，薪水审核流程等）是公平、公开和透明的，同时保证你给员工的报酬富有市场竞争力。人们都喜欢和别人攀比，所以你有必要不对某人表示出特别的偏爱或在对每个成员进行评估、评价和奖励时保持客观性。

● 支持团队成员的职业选择和人生规划

了解你团队成员的志向和职业目标并尽力帮助他们实现他们的梦想。要实现这一点需要制订一个良好的继任计划模式，这样表现优秀的人就可以被推荐到更重要的位置并有机会获得晋升。另一方面需要你就团队或者公司里存在的工作机会和团队成员进行诚实而公开的交流，支持他们转到新的职位。这可能会意味着你不得不让他们加入公司的其他团队，给他们所需要的职业成长机会。

星期日

星期一

星期二

星期三

星期四

星期五

星期六

● 让团队成员做他们喜欢的工作

保证你尽量给每个团队成员安排他们乐意或喜欢做的工作。此外建议你不要让你的员工加班，让他们变得筋疲力尽。他们可能喜欢他们所做的工作，但是你必须支持他们在工作和生活中寻找平衡。

● 认可团队成员的优异工作和努力

你多久说一次"谢谢你""干得好""做得不错""表现很棒"？你上一次公开认可你的团队成员的优异表现是什么时候？记住人都渴望并需要得到认可。如果不确定，不要沉默不语。

星期日

星期一

星期二

星期三

星期四

星期五

星期六

● **创造并维持一个积极的环境**

尽量确保你的团队形成一个健康而开放的文化氛围，没有紧张、焦虑、过度的压力、负面的小道消息和谣言。你需要让你的员工每天愉悦地来工作。

根据我的经验，照着这六个秘密来做将让你团队的成员持续得到激励并想要留下来继续和你工作。

总　结

本章阐述了如何成功地与表现出色并潜力很大的员工一起工作并把他们留住。

你现在能够鉴别出谁是你团队里表现出色的人，了解区别对待团队中表现出众和表现不佳的员工的重要性。

你可以通过团队成员们的表现和潜力对他们进行分析。

你了解了为什么表现优秀的员工会有一些行为或态度方面的问题，是因为其价值观和所期待的不相符。

你可以根据情境以及你与之沟通和试图管理的人来改变你的领导方式。

你懂得了如何成功留住你团队中表现出色的人才并确保你不会在竞争中失去他们。

小测试

1. 下列哪一项不是六个留住人才秘密中的一个？
a) 做一个好的领导者 ☐
b) 把不认真倾听的员工开除 ☐
c) 形成良好的员工奖励机制 ☐
d) 帮助你的员工进行职业规划 ☐

2. 情境领导包括：
a) 变化管理方式 ☐
b) 有时采用指令型 ☐
c) 有时采用支持型 ☐
d) 以上全部 ☐

3. 在情境领导模式中，教练型：
a) 在指令型方式中比重高，在支持型方式中比重低 ☐
b) 在指令型和支持型方式中比重都高 ☐
c) 在指令型和支持型中比重都低 ☐
d) 以上都不是 ☐

4. 为什么人才保留策略很重要？
a) 员工流失代价很大并会造成混乱 ☐
b) 优秀人才难以取代 ☐
c) 留住员工不容易 ☐
d) 以上全部 ☐

5. 为什么对你的员工说"谢谢你"和"干得好"很重要？
a) 这让他们觉得受重视 ☐
b) 这让他们觉得自己受到了认可 ☐
c) a 和 b 都对 ☐
d) a 和 b 都不对 ☐

星期日
星期一
星期二
星期三
星期四
星期五
星期六

6. 下列哪个员工在你的团队更好？

a) 一个表现出色但是和你公司的价值观不符的员工 □

b) 一个表现出色且和你公司的价值观相符的员工 □

c) 一个表现不佳但很有潜力的员工 □

d) 一个表现不佳且没有潜力的员工 □

7. 为什么让你的员工做他们喜欢的事情很关键？

a) 他们将会更加成功 □

b) 他们会筋疲力尽 □

c) 他们将失去工作和生活之间的平衡 □

d) 以上都不是 □

8. 做一个别人信任的领导者能帮助你：

a) 留住你的员工 □

b) 激励你的员工 □

c) 促使员工有更好的表现 □

d) 以上全部 □

9. 下列哪项是管理一个既有经验又表现出色的员工的理想方式？

a) 授权型 □

b) 教练型 □

c) 指令型 □

d) 支持型 □

10. 情境领导模式中的"我将决定你做什么"方式是：

a) 授权型 □

b) 教练型 □

c) 支持型 □

d) 指令型 □

星期六

打造并维持
优秀的团队
文化

要学会管理一个团队并让它的表现达到可接受的水平并不难，但是如果想带领一个团队到达一个让别人忍不住惊叹："哇，多么杰出而令人惊讶的团队啊！"这样一个水平还是有一些难度的。

本章将帮助你了解如何把团队成员的表现和潜力一起提高到优秀的水平。至于你作为管理者的角色，本章将帮助你从一个好的团队管理者提升至一个真正杰出而令人钦佩的人。

本章将向你阐述：

● 什么是优秀的文化以及为什么值得在你的团队中努力打造这样的文化；

● 打造优秀团队文化基础的七个关键认知。

什么是优秀的文化？

"当一个团队其整体表现优于个人表现并获取团队
自信时，优秀就将成为现实。"

乔·帕特诺（Joe Paterno）

任何一个团队都会有意识或无意识地对一系列
认知达成一致，并围绕它们进行思考和组织活动，
这就是你团队的文化。

你团队对事物的认知是什么？它们是最佳的
吗？理想情况下，这些认知应该以让团队在工作和
工作方式各方面都达到并维持优秀为核心。

我认为对优秀最有帮助的定义是以"我们如何做它"来优化"我们做什么"，即选择做最佳的任务和行动，同时确保此类工作以最佳的方式完成，下表形象地展示了这一点。你将哪一项定义为优秀？

	正确的	把正确的事情做砸	把正确的事情做好
你的团队承担着哪些任务和行动？	错误的	把错误的事情做砸	把错误的事情做好
		不好 / 糟糕	好
	你的团队如何去执行其任务和采取行动？		

希望你选择的是右上角那一项！这是正确的答案：你的团队把正确的事做好。

注意，对事物的认知与你团队书写下来或未书写的目标、规则、规范、阐明的价值观以及你团队章程的内容（在本书"星期日"这一章节里讨论过）相关联。

星期日

星期一

星期二

星期三

星期四

星期五

星期六

优秀文化的组成部分

这七个关键的认知对全世界表现出色的团队来说都是十分有必要的。我鼓励你去认真摸索如何把每一点都运用到自己的团队中，然后慢慢地根据需要进行完善以适应你团队的构成以及你团队所面临的挑战。

作为团队的领导者，带头开创并分享所需要的认知是你要扮演的角色，你同时还需要和你的团队一起工作，并根据需要帮他们完善自己。

● 杰出的领导是团队成功的关键

没有领导者每天的工作表现都一模一样。你的员工必须知道并接受这点——某天你会严格、强势，但另一天你又会十分放松。除了成为一个出色的情境型领导者之外，还有许多其他你可以根据需要采用的领导方式。下列是你可以从中了解更多并在合适的时机和你的团队一起使用的三种类型：

●仆人式领导：这种类型把管理者置于支持的角色，根据团队需要提供支持，不积极发挥一个领导者的作用。

●变革型领导：这是一种鼓舞人心的类型，它致力于帮助一个团队达成某个由团队的老板起草并制订的愿景。

●适应型领导：这种领导方式包含鼓励并激发一个团队来认识、适应并学习新东西以帮助你的团队应对所面临的挑战。

你必须学会决定何时加入你的团队帮助他们处理日常的业务挑战以及何时后退以采取一个"阳台视角"，从全局的角度来审视并战略性考虑你的团队面临的挑战。

● 团队总是实践最高的价值标准

作为团队的领导者，确保所有团队成员立志以最高的价值标准来要求自己的生活和工作是你的责任。我不能告诉你应该选择什么样的价值观，但是有四种是许多今天成功的领导者努力和他的成员们一起去践行的。

● 在工作中做到绝对诚实和正直；

● 以一个整体进行工作，从中个人表现能得到支持但不会以整个团队的利益作为代价；

● 只允许可接受的行为和态度，绝不容忍任何攻击性或欺骗性的行为；

● 彼此之间进行挑战实现超越并努力挖掘个人的最大潜能。

星期日
星期一
星期二
星期三
星期四
星期五
星期六

这和此前关于文化的讨论相关联，你必须允许自己带头创造一个拥有最高价值标准的最优环境。

● 团队保持着一种很强的学习和发展文化

一个成功的领导者知道每个团队成员都在自己的职业发展轨道上并应该帮助每一个人在他们的职业中得到最大限度的成长和发展。除了在他们的工作中积累经验之外，一个团队成员需要通过很多方式来使自己成长并得到发展。他们需要从下面几个方面得到你的帮助：

- 评估他们需要发展哪些技能和能力
- 为他们所需的培训提供时间和资金
- 为他们提供指导和辅导

作为一个成功的管理者，你的角色应该是持续帮助并鼓励每一个团队成员坚持学习、成长和发展。

星期日

星期一

星期二

星期三

星期四

星期五

星期六

● **团队根据需要来改变方向**

作为一个管理者，你必须真正接受不断改变的必要性并帮助你的团队理解并接受这种情况。变化是不可避免的，但是抗拒改变的发生并不去积极适应这种改变，会在团队中导致失败并产生不佳表现。如果你能在团队中带领大家怀着接受和理解的心态，就会发现改变并不困难。准备好花尽可能多的时间去和你的团队就如何去接受并适应改变进行沟通。

帮助你的团队明白他们需要改变他们所做的事情或者做事情的方式，以应对任何事情和行动。

● 没有哪一个单独的成员比整个团队更伟大

我喜欢下面这段美国棒球选手巴比·鲁斯 (Babe Ruth) 说的话，它很好地诠释了这个认识的本质：

"一个球队能否以一个整体去比赛决定了它的成败。你可能有一群世界上最棒的球星，但如果他们不能一起作战，那么这个俱乐部也将一文不值。"

一个优秀的管理者必须确保整个团队对卓越的追求，从来不会因为某个个体而偏离轨道——如果某个人的离开有助于整个团队的成功，那你不如选择失去这个人。

回忆一下在"星期五"章节中对表现出色但有态度问题的人的讨论。一个出色的管理者不会长时间容忍这样的员工，要么让这种表现不错的人尽快改善他们的态度，要么让他们离开团队或公司。

● 在工作和生活中保持着最佳平衡

一个管理者必须创造并维持一个健康的工作环境。如果一个团队的目标是通过成员每天工作18个小时而实现的，员工下班后还感到神经紧张、心脏不舒服，那么这样肯定是不好的。

同时你必须留意自己在工作和生活中的平衡和身体健康，优秀的管理者通常长时间工作但是也会抽时间去度假和充电。

● 团队成员希望留下传承

你和你的团队希望留下什么传承？在一个团队里工作并不仅仅意味着挣一份工资，我们醒着的一半时间都在工作，你如何能够帮助整个团队使工作更加有意义并令人满意。

鼓励你的团队去帮助社区的人们，让那些需要的人受益于你们集体的技能和经验。鼓励员工在业余时间一起做一些志愿者工作，为你们的社区承担社会责任。

星期日
星期一
星期二
星期三
星期四
星期五
星期六

你希望在适当的时候离开什么样的团队？你会在某一天去担任新的角色并／或者到一个新的机构，你的团队成员会因为曾经跟你共事而感到骄傲吗？在未来几年他们将回忆起与你共事的哪些经历？在当前的职位上，你要努力确保日后团队成员想起被你管理和领导的日子时有美好的回忆！

你现在要做什么？

你还想到了其他的认知吗？我建议你制订一个使自己成为一个成功管理者的行动计划，并制订如下所示的表格，可以根据需要增加更多列。

我必须关注哪些活动和行动？（包括见解、发现、知识和理论等）	为什么这个活动或行动的变化对我、我的角色以及／或我的团队很重要？	我将如何练习并确保这个行动或活动得以改善或实施？（包括一个时间表）

　　当你朝着成为一个出色的团队领导而努力时，务必从你的老板那里寻求支持和指导建议。祝你好运！

星期日

星期一

星期二

星期三

星期四

星期五

星期六

总　结

本章向你阐述了为了创建一个真正持续和优秀的团队你必须专注去做的事。

这本书只是你管理旅程的一个开始，你必须培养自己的管理人的方式。

下面是我给你的最后三点建议，希望你在你的管理生涯成长过程中不断取得成功：

永远不要停止去了解和改变自己。要有清楚的自我认识并观察你是如何对别人进行管理的，寻求反馈并随时准备好根据需要调整你的方式。

去倾听你的团队。作为一个团队的管理者并不意味着你知道所有答案——随时准备虚心地倾听团队的声音并向他们学习，他们也许有比你想象更多的东西值得学习。

在你的团队中发展管理者。激励你的团队成员怀有未来自己成为出色管理者的想法，把你从本书中学到的东西与他们分享。

星期日

星期一

星期二

星期三

星期四

星期五

星期六

小测试

1. 对优秀表现的最佳描述是什么?
a) 把错误的事情做好 ☐
b) 把正确的事情做好 ☐
c) 把错误的事情做砸 ☐
d) 把正确的事情做砸 ☐

2. 什么叫仆人式领导?
a) 支持你的团队,不积极发挥一个领导者的作用 ☐
b) 帮助你的团队实现愿景 ☐
c) 帮助你的团队适应变化 ☐
d) 以上都不是 ☐

3. 什么叫适应性领导?
a) 支持你的团队并让他们来领导 ☐
b) 帮助你的团队实现愿景 ☐
c) 帮助你的团队适应变化 ☐
d) 以上都不是 ☐

4. 什么叫变革性领导?
a) 支持你的团队并让他们来领导 ☐
b) 帮助你的团队实现愿景 ☐
c) 帮助你的团队适应变化 ☐
d) 以上都不是 ☐

5. 为什么学习的文化很重要?
a) 大多数人想要得到成长和发展 ☐
b) 如果老板支持他们学习,人们将感觉自己受到重视 ☐
c) 它将帮助你的员工表现更好 ☐
d) 以上全部 ☐

星期日

星期一

星期二

星期三

星期四

星期五

星期六

6. 我给你的最后建议是什么？

a) 有自知之明 ☐

b) 倾听你的员工的声音 ☐

c) 帮助你的员工不断成长并在某天成为管理者 ☐

d) 以上全部 ☐

7. 你的行动计划应该聚焦哪方面？

a) 测试一下你读完此书后记住了什么 ☐

b) 计划好你想聚焦发展的方面 ☐

c) 为你的员工提供反馈 ☐

d) 以上都不是 ☐

8. 留下传承包括下列哪一项？

a) 实现你的预算目标 ☐

b) 招聘新员工 ☐

c) 让你的团队去做志愿者工作 ☐

d) 以上都不是 ☐

9. "没有人比团队更大"是什么意思？

a) 一个团队必须庞大且架构清楚 ☐

b) 你必须招聘新员工 ☐

c) 思维模式和软技能很重要 ☐

d) 某一个人不能带坏整个团队的表现 ☐

10. 你可以从对团队的认真倾听中学到什么？

a) 谦逊 ☐

b) 新主意 ☐

c) 团队的想法 ☐

d) 以上全部 ☐

逆境生存法则

在艰难时期，你和你的团队将面临各种新的挑战和不确定性，因为你的客户和其他利益相关者同样在苦苦挣扎。你的公司可能会面临各种困难，比如现金流紧张、销售量下降、规模缩小以及员工被辞退等。你的管理技能将遭受真正的考验，但正如人们所说"杀不死你的将使你更加强大"。你致力于带领你的团队成功渡过各种难关，肯定不想让艰难的日子结束你的管理生涯。

直到最近的全球性经济危机（开始于 2008 年），大多数的管理者才在他们的职业生涯中真正面对一个经济衰退期，很多人在挣扎中学会了怎么应对这个时期出现的挑战。他们的公司的一个普遍的诉求就是在"使用更少的来实现更多的"这一原则下管理团队，意思是在开支和员工总数不变或者削减的情况下，管理者能帮助他们的团队达成更多成果，进一步提高生产力。

这将会给员工带来压力和额外的工作，使大家不得不经常处于工作的状态因为他们找不到其他工作。在这种艰难时期，你的员工需要额外的关心和关注，而你需要一直对他们进行激励。

1. 帮助你的团队克服额外的压力

当经济环境变得很困难时，我们都会变得更加焦虑和担忧，这会导致你的团队内部彼此之间关系紧张，出现摩擦甚至矛盾，让大家陷入"激荡期"。你必须把整个团队团结起来，激励大家并帮助大家保持积极的心态，不要让他们浪费任何一点宝贵的时间和精力。

2. 比平时更努力以留住优秀人才

在经济困难时期，你的团队必须比平时更努力地工作以实现既定的目标，你也比任何时候更需要优秀人才。其他机构这时也会出于和你同样的原因来"猎"他们：表现出众的员工能真正地帮助任何一个团队来渡过难关。

3. 不要留着表现差的人太长时间

在艰难时期，你迫切需要整个团队来积极应对挑战，需要大家比以往都表现得更好。把表现差劲或表现不佳的人留在团队中是不理想的做法，他们需要花钱。在经济困难时期，让更有潜力取得成功的人来代替他们的位置会更好。

4. 开诚布公地沟通

在这个时期可能会有很多围绕着你团队的流言蜚语和谣言，话题包括公司可能会缩小规模并解雇一部分人、顾客订单减少、出现现金流问题等。在经济陷入困难时期，这些谣言可能也有一定的真实性，作为一个领导者，你的任务就是尽可能地公开透明（经过公司允许）。太多负面的流言蜚语会降低大家的士气，特别在你需要团队更加努力工作的时候。

5. 让团队保持团结一致并专注于既定目标

在艰难时期，你的团队成员可能会变得沮丧并看不清未来的目标和成长路径。你必须非常努力地工作来激励、激发并提升你的团队，让大家都在正确的轨道上前进。如果经济环境持续恶化，你还可能需要改变原来的目标。

6. 比平时更好地照顾自己

作为一个团队管理者，由于你要试着帮大家共渡难关，你将面临额外的压力。你还会发现自己每天不得不应对更多变化以及不确定性，可能会比平时工作更长时间。必要的时候，你可以适当休息、停顿一下，确保你正在用十分有限的时间和精力在做正确的事。不要过度工作，把自己弄得筋疲力尽。

7. 花更多的时间和你的团队在一起并展现你的同感

提高你的情商，花额外的时间和团队成员在一起来表示你对他们的在乎，坐下来聆听他们的顾虑和遇到的麻烦。要明白如果你的团队成员充满了担忧和对未来的不确定性，他们是无法工作好的。作为一个有同感的管理者，你可以让他们与你分享困扰他们的事。

8. 和你的团队一起工作来打破常规

鼓励你的团队来帮助你解决你可能面临的新挑战，尤其是在你被期待着以更少的资源（财务和人员方面的）取得更多的成果时。如果你鼓励他们的话，你可能会惊讶于你的员工想出来那些有创意和创新的主意。

9. 更加努力地去激励你的团队并维护团队精神

在面对艰难时期时，你的团队成员可能会变得十分沮丧和失望。在这种情况下，所有的新闻和流言蜚语看起来都像是负面而令人沮丧的。如果他们还为工作担忧的话，整个团队会变得更糟。留一些时间给那些励志的以及令人开心的活动，就算只有很少的钱可用，你仍然可以和你的团队一起做事。

10. 更加耐心并理解你的团队

这可能是你的团队首次经历一个十分困难的经济环境。他们可能都不知道如何去回应要求降低成本的要求，如何应对订单被取消的客户们，等等。你可能会急于去实施一些变化和新想法，但是你必须给你的团队足够的时间来理解和接受你要求他们所进行的改变。

小测试答案

星期日：

1b; 2d; 3c; 4a; 5b; 6b; 7c;8d; 9d; 10a.

星期一：

1b; 2a; 3d; 4d; 5b; 6d;7a; 8c; 9d; 10b.

星期二：

1d; 2c; 3d; 4b; 5b; 6a;7d; 8b.

星期三：

1b; 2d; 3d; 4d; 5b;6c; 7d; 8d; 9d; 10a.

星期四：

1b; 2d; 3d; 4d; 5d; 6a;7b; 8d; 9d; 10d.

星期五：

1b; 2d; 3b; 4d; 5c; 6b; 7a;8d; 9a; 10d.

星期六：

1b; 2a; 3c; 4b; 5d; 6d;7b; 8c; 9d; 10d.

图书在版编目（CIP）数据

管理一个团队 / （英）奈杰尔·坎伯兰（Nigel
Cumberland）著；杨景皓译. —杭州：浙江大学出版社，
2016.10

（卓越领导力丛书）

书名原文：Teach Yourself In A Week

ISBN 978-7-308-16138-1

Ⅰ. ①管… Ⅱ. ①奈… ②杨… Ⅲ. ①企业管理-
组织管理学 Ⅳ. ①F272.9

中国版本图书馆CIP数据核字（2016）第194239号

MANAGING TEAMS IN A WEEK
First published in Great Britain in 2013 by Hodder & Stoughton. An Hachette UK company.
First published in US in 2013 by The McGraw-Hill Companies, Inc.
This edition published 2013.
Copyright © Nigel Cumberland 2013
Simplified Chinese edition copyright© 2016 by Zhejiang University Press
All rights reserved.

浙江省版权局著作权合同登记图字：11-2016-293

管理一个团队
［英］奈杰尔·坎伯兰（Nigel Cumberland）著　杨景皓　译

责任编辑　卢　川
特约编辑　王怡翾　赵　轩
责任校对　汪淑芳　杨利军
出版发行　浙江大学出版社
　　　　　　（杭州市天目山路148号　邮政编码 310007）
　　　　　　（网址：http://www.zjupress.com）
排　　版　杭州林智广告有限公司
印　　刷　杭州钱江彩色印务有限公司
开　　本　787mm×1092mm　1/32
印　　张　5.875
字　　数　74千
版 印 次　2016年10月第1版　2016年10月第1次印刷
书　　号　ISBN 978-7-308-16138-1
定　　价　28.00元

版权所有　翻印必究　　印装差错　负责调换
浙江大学出版社发行中心联系方式：0571-88925591；http://zjdxcbs.tmall.com